S0-BVN-530

AUTOUR DE FERRON

Littérature, traduction, altérité

Frontispice : fac-similé d'une lettre de Jacques Ferron à Betty Bednarski, 7 mai 1969 (voir l'appendice, p. 143, pour la transcription).

Quand un écolier
devenait quelque peu malfaiteur, ~~tel~~ tel
François Villon, le campus lui servait
de refuge. C'est la raison sans doute pour
laquelle Huntubise, l'homme le plus poli
du monde, si poli qu'il bégaye un
peu, n'a pas répondu à votre demande :
elle était superflue. Vous pouvez traduire
qui vous plaît dans Dalhousie si personne n'a de permission à vous donner.

      L'exercice d'ailleurs est excellent :
la langue qu'on écrit n'est jamais tout
à fait celle qu'on parle. Cette autre langue se fabrique. Autrefois, c'était à partir
du latin. Baudelaire, Mallarmé, Gide
sont passés par l'anglais. Il s'est même
trouvé d'excellents écrivains, tel Conrad,
qui ont fait carrière dans une langue étrangère. Pour ma part, si l'on ~~empr~~ excepte
mon latin de collège (qui m'a quand
même marqué : j'abuse du participe présent et de l'inversion), toute mon attention s'est portée sur la traduction du
français, quelque peu altéré par la promiscuité anglaise et d'anglicismes de
deux siècles, au français.

      Je reviens à votre entreprise. ~~Elle~~
me plaît assurément, d'autant plus
que j'ai un faible pour l'Atlantique.

Betty Bednarski

AUTOUR DE FERRON
Littérature, traduction, altérité

Préface de Jean-Marcel Paquette

GREF

Collection Traduire, Écrire, Lire nº 3

Toronto
Éditions du GREF
1989

Données de catalogage avant publication (Canada)

Bednarski, Betty, 1943-

    Autour de Ferron : littérature, traduction, altérité

Comprend des références bibliographiques.

ISBN 0-921916-10-8

    1. Ferron, Jacques, 1921-1985 -- Critique et interprétation.

    2. Traduction et interprétation.

    I. Titre.

PS8511.E76Z57 1990   C843'.54   C90-090171-3

PQ3919.2.F47Z57 1990

74801

Directeur de publication : Alain Baudot.

Saisie du manuscrit : Sylvie Lanes, Veronika Brzeski ; Paule Cotter, Dominique O'Neill.

Révision et préparation de la copie : Alain Baudot, Ysolde Nott, Dominique O'Neill, Corine Renevey.

Conception graphique et maquette : Gerard Williams.

Composition : GREF, avec l'aide de Patrick O'Neill.

Impression et brochage : imprimerie Gagné, Louiseville (Québec).

Tous droits de reproduction, de traduction et d'adaptation réservés pour tous pays.

Imprimé au Canada.

Dépôt légal : Bibliothèque nationale du Canada, 1er trimestre 1990.

ISBN : 0-921916-10-8.

© Décembre 1989, Éditions du GREF

Collège universitaire Glendon, Université York

2275, avenue Bayview

Toronto (Ontario)

Canada M4N 3M6

PRÉFACE

Ce que l'on va lire n'a peut-être pas de précédent dans la tradition critique relative à la littérature québécoise. Il s'agit d'une thèse qui se fait plus qu'une thèse, d'une lecture critique qui s'élève au-delà de son point critique, d'une réflexion théorique qui surmonte les embûches de la théorie pour produire à la fin ce qui est plus que rare : une œuvre de pure création où se révèle un auteur. Betty Bednarski a réussi cette véritable prouesse. Qu'elle en soit d'abord remerciée et louée.

Il n'était dès l'abord aucunement facile de tirer d'une pratique qu'elle menait déjà comme nul autre (celle de la traduction littéraire du français vers l'anglais) une réflexion bien a posteriori. Et elle réussit, tout en se pliant aux multiples exigences d'un genre aussi rigoureux qu'une thèse, à mener son filon de pensée vers des ramifications de plus en plus fines conduisant à leur tour à des prospectives inexplorées et inexploitées jusque-là. Mais l'aventure s'avère exploit au moment

AUGUSTANA UNIVERSITY COLLEGE
LIBRARY

où, dépassant les limites fixées par la nature même de toute réflexion, l'entreprise se parachève en un feu d'artifice fait de subtilités insoupçonnées, de relations inattendues, de plongées dans l'authentique, qui sont, toutes, les vertus même d'une création. De lectrice « critique », pour tout dire, Betty Bednarski se fait critique « créatrice ». Et ce qui l'y engage, ce n'est ni son talent, qui est immense, ni même son expérience, qui est indubitable, mais la nature même de la croisée où elle noue, par une intelligence claire, l'écheveau de ses découvertes et l'écheveau de ses rêves.

Il est assez peu convenant, je sais bien, que l'on invoque ainsi ce curieux mot de « rêves » à propos d'une thèse. Et pourtant, ici, nous voilà transportés dans quelque chose qui ressemble à l'implacable réalité du songe, aux justes limites de l'accessible tant l'écriture y est d'un charme dense, aux frontières de l'intraduisible tant l'argumentation est souple.

On y apprendra, certes, maintes choses sur la traduction dans sa réalité, sur l'œuvre de Jacques Ferron en particulier, sur certaines lignes de faîte de la littérature québécoise en général ; on y apprendra surtout que toute lecture n'a pour très humble et ultime mission que de se métamorphoser en conscience (de soi, du monde ou d'ailleurs) — par quoi la littérature tient sa véritable raison. Par quoi surtout la recherche *studieuse* de Betty Bednarski est œuvre. « Trouver n'est rien, en effet, disait Valéry, le difficile est de s'ajouter à ce que l'on trouve. » Je me fais fort d'assurer qu'on trouvera dans ce livre d'essais admirables plus encore que ce qu'on y cherchera. Ce que l'on s'apprête à lire vaut, somme toute, d'être singulièrement *relu*...

Jean-Marcel PAQUETTE.

INTRODUCTION

Les essais d'*Autour de Ferron : littérature, traduction, altérité* ont vu le jour dans un contexte bien précis, celui d'un doctorat sur publication, décerné en 1986 par l'Université Laval. On m'avait demandé, pour compléter le dossier des publications, un travail supplémentaire, sorte d'appréciation de moi-même, et qui rendrait compte de façon récapitulative du corpus de textes déjà publiés. Ce nouveau travail, malgré des dimensions plutôt modestes et une démarche qui sortait quelque peu des sentiers battus, allait mériter le nom de « thèse ». C'est donc à l'origine d'une thèse qu'il s'agit. Et même si j'ai été amenée par la suite à en remanier certains passages, c'est bien, à quelques détails près, le texte (ou plutôt la *série* de textes) de 1986 que je reproduis ici. Thèse peu traditionnelle, j'ai pensé qu'il serait intéressant d'en retracer la genèse, la mise en forme progressive.

Les ouvrages de traduction littéraire constituant environ soixante-quinze pour cent du travail publié, parler de traduction était une obligation qui allait de soi, mais devant laquelle j'éprouvais, je l'avoue, une certaine réticence, certaines réserves. Mes traductions, je les avais faites, non pas aveuglément, non pas intuitivement (la traduction est une des plus *conscientes* de toutes les lectures, une des plus *conscientes* de toutes les écritures), mais je les avais faites sans systématiquement me distancier par rapport au processus, sans systématiquement me regarder faire. Et mes traductions étaient faites. Je n'y travaillais déjà plus depuis longtemps au moment où j'ai entrepris la thèse. Je n'avais pas de notes. Je n'avais pas conservé non plus mes versions successives. Il s'agirait nécessairement d'observations reconstituées après coup à l'aide de la mémoire.

Je me suis donc mise à prospecter la mémoire. Et si, en fait de minutie, j'ai pu paraître plutôt avare, c'est que la mémoire — selon un processus de sélection dont j'ignore le principe — m'a livré surtout des attitudes, des préoccupations d'ordre général, que j'en suis venue à considérer comme des constantes de mon interaction avec le texte d'origine. J'aime croire, en effet, que ces souvenirs renferment l'essence même du travail de traduction poursuivi au cours d'une période d'une quinzaine d'années.

J'avais très tôt décidé que je présenterais moins des solutions que des réflexions. Le seul problème de traduction évoqué en détail — celui de la graphie française des mots anglais de Ferron — est justement un problème sans solution, les seules options étant « la retenir » ou « l'éliminer » (cette graphie) et une recherche d'équivalences s'avérant inutile, inadéquate, vouée d'avance à l'échec. Je présenterais donc moins des solutions à des problèmes précis que le souvenir des réflexions que ceux-ci m'avaient inspirées. Or, dans le cas des mots anglais francisés, la traduction m'avait poussée à examiner de très près un phénomène d'écriture et d'entamer un processus de réflexion qui, si elle n'a pas assuré une meilleure « traduction », m'a du moins permis de nuancer et d'affiner ma perception d'un aspect de l'œuvre de Ferron, de voir cet aspect en rapport avec le phénomène du joual littéraire et de relever, malgré des ressemblances superficielles, des différences fondamentales entre l'entreprise de Ferron et celle des auteurs du joual.

Mais il y a plus. L'interrogation incessante de ces quelques mots m'aura servi de point de départ d'une réflexion plus large, portant non seulement sur les textes traduits, mais sur toute l'œuvre de Ferron et sa réception anglaise. Comme je l'ai dit dans la thèse : « Mes réflexions peuvent paraître parfois tortueuses, fastidieuses. Elles ne viennent pas à bout du problème de traduction, qu'elles tournent et retournent, sans le résoudre, et qui reste à la fin rétif, intact. Elles ne tournent pas pour autant en rond. Elles mènent loin. » Elles mènent loin, en effet, tournant, oui, mais formant plutôt une spirale... À cette spirale je reviendrai.

La traduction a d'autres fins et d'autres réalisations qu'elle-même. La rédaction d'un texte — celui que l'on offre à l'éditeur et au public — n'est qu'une des manifestations possibles du processus de lecture que la traduction oblige à entamer. Il se fait au cours de cette lecture des découvertes qui ne sont pas forcément transmises, « traduites », dans le texte que l'on produit, et qui peuvent donner lieu à un texte d'interprétation ou de type critique. Mon activité de traductrice me semblait déboucher tout naturellement sur une activité de critique. C'est ainsi que j'ai conçu peu à peu cette notion d'une affinité (ou plutôt d'une série d'affinités) entre la traduction et les autres formes de lecture que j'avais pratiquées. Et mon travail s'est précisé comme un travail de rapprochement et d'unification. Face à un corpus de textes très différents les uns des autres, j'attribuerais des catégories. Entre éléments apparemment disparates je rétablirais aussi des liens, révélant en même temps que les différences, *l'unité.*

À peine avais-je conçu la notion d'un rapprochement de lectures que déjà, à partir de contiguïtés, de chevauchements, de superpositions, se réalisaient de nouvelles configurations d'idées. Partie de la conviction qu'il existe des points d'intersection entre la traduction, la lecture pédagogique et la lecture critique, je devine la possibilité d'un enrichissement mutuel, d'une interpénétration de lectures, et se précise alors une certitude — celle de l'intérêt que recèlent pour la critique littéraire moderne les processus et les mécanismes de la traduction littéraire. Intérêt que je n'ai fait moi-même qu'entrevoir, mais qui me promet de nouveaux points de départ, de nouvelles explorations... Ou encore, sensibilisée par la contemplation de mes propres lectures à la représentation de la lecture à l'intérieur de la littérature elle-même, j'en suis venue à concevoir un projet — un nouveau projet : tracer l'évolution du personnage lecteur dans le contexte du roman québécois, fixer les étapes de l'histoire du lecteur fictif... Et enfin, de façon plus générale, ayant pris le parti de rendre visible l'élément « lecture » dans la pile de textes qui constituaient ma propre écriture, j'ai été amenée à redécouvrir et à privilégier la lecture qui se tisse à l'œuvre des autres, celle présente implicitement dans tout texte littéraire, celle sans laquelle il ne saurait y avoir d'écriture. L'écriture doublée d'une lecture (ou de lectures), mon travail ne me l'a certes pas révélée. Mais il me l'a fait paraître avec une nouvelle clarté, dans une nouvelle perspective.

Ainsi l'unité m'est d'abord apparue grâce à la notion de « lecture », qui s'est affirmée très tôt comme le fil conducteur de mon nouveau travail. Un principe de base informe, en effet, cette suite de textes : la lecture comme élément constitutif de l'écriture et de l'œuvre littéraire, et d'une activité plus large aussi, grâce à laquelle, en dehors de la littérature, nous appréhendons et organisons la réalité... L'unité vient ensuite de l'œuvre de Jacques Ferron, qui, traduite, faisant l'objet d'études critiques, enseignée, provoquant une interrogation sur l'acte de lire et sur les liens entre la littérature et la vie, incite à elle seule tous les types de lecture dont il est question ici...

Mais, peu à peu, un autre principe s'est précisé, un principe unificateur, lui aussi, et générateur à son tour de nouveaux projets. Peu à peu s'est imposée à moi une notion non précisée au départ qui, avec le temps, s'est dégagée pour modifier radicalement l'organisation du travail. Il s'agit de la notion d' « altérité ». C'est elle qui engendre cette réflexion en spirale dont j'ai déjà parlé.

L'idée de l'altérité s'est imposée d'abord par le biais du même petit problème de traduction, celui des mots anglais par lesquels le texte de Ferron confronte le lecteur québécois à l'altérité anglaise, malicieusement transformée, et par lesquels moi, la traductrice, je me trouvais confrontée à l'appropriation de *ma* langue par l'altérité française. Elle s'est imposée ensuite, dans son interprétation la plus étroite d'altérité anglaise, comme une constante de l'œuvre de Ferron, ce qui m'a obligée d'évoquer, après les *mots*, les *personnages* anglais. Mais elle s'est révélée aussi peu à peu (et c'est maintenant dans son acception la plus large, existentielle, phénoménologique), comme le fondement même de l'œuvre de Ferron.

Considérer cette notion de l'altérité me permet d'accorder à la théorie du moi et de l'autre (élaborée dans *Du fond de mon arrière-cuisine*) sa place centrale dans l'œuvre de Ferron et de rendre compte des différentes formes de dialogue, de dédoublement et d'ambiguïté. Et le pays — élément capital de l'œuvre, dont on a déjà beaucoup parlé — paraît surtout, dans l'optique que j'ai adoptée, comme une forme parmi bien d'autres de l'altérité recherchée, désirée. Le pays-altérité, *autre* collectif, à qui l'écrivain rêve de donner, grâce à l'écriture, une consistance plus nette, une cohérence, une intégrité, et qui, pour sa part, tant que durera le rapport de complicité, assurera au moi de l'écrivain sa propre cohérence, sa propre intégrité ; le pays englobé par l'écriture, « sauvé » par elle ; le pays sauvant le moi et l'écriture aussi. C'est pourquoi j'évoque, entre le moi et le pays, non seulement une *complicité*, mais aussi une *solidarité*. C'est pourquoi j'écris : « L'œuvre est à la fois le lieu et l'enjeu de cette solidarité »… Et le néant tant appréhendé par Ferron paraît dès lors comme l'insoutenable absence de toute altérité… L'altérité m'aura permis, enfin, de considérer l'écriture comme mouvement vers l'autre, comme une manifestation — la plus belle sans doute — de ce que Ferron appelle « la folle tentative ». Et la traduction, expérience de l'autre — on l'aura compris — s'inscrit tout naturellement dans cette perspective.

Je ne pourrai conclure cette récapitulation sans reconnaître l'importance pour moi, dans l'élaboration de toutes ces idées, de l'œuvre de Mikhaïl Bakhtine, et surtout d'*Esthétique de la création verbale*, œuvre disponible à l'époque de la thèse depuis deux ans à peine en traduction française. Bakhtine m'a été nécessaire. Sans Bakhtine la notion d'altérité n'aurait sans doute pas structuré à ce point mon travail. Bakhtine offre pour l'interprétation de Ferron les principes d'une lecture répondante, dialogique, celle même que l'œuvre semble requérir. Mon travail, modeste à bien des égards, aura surtout eu le mérite, je crois, d'avoir confronté Ferron à Bakhtine. Le dialogue est désormais commencé.

Ma « thèse », abordée dans l'esprit d'un rapprochement et d'une synthèse, visait au départ une *mise en forme*. Mise en forme il y a eu, et celle-ci est comme un *aboutissement*. Mais l'interrelation qu'elle établit n'est pas statique, n'est pas *fixe*. Je la voudrais avant tout *dynamique*, engendrant — pour moi-même, peut-être pour d'autres — de ces configurations qui sont comme l'assurance de nouvelles explorations, de nouveaux projets...

Je sais gré à l'Université Laval, et au professeur Jean-Marcel Paquette en particulier, de m'avoir fourni le prétexte de cet aboutissement et de ces explorations. Je leur sais gré aussi d'avoir cautionné le « je » de cette « thèse ». Cette « thèse » est plus qu'une thèse. Travail scientifique, elle atteint néanmoins un très haut degré de signification personnelle. *Autour de Ferron* est l'histoire de mon interaction avec une littérature et avec une œuvre en particulier. Le « je » y est pleinement assumé.

Betty BEDNARSKI.

Trois lectures de la littérature québécoise

LA TRADUCTION
COMME LECTURE

La traduction m'apparaît d'abord comme une lecture. Traduire, comme lire, c'est poser sur l'œuvre un regard de découvreur, à la fois chercheur et faiseur de sens. C'est retracer le dessein de l'auteur, cerner le tout de l'œuvre, en déduire les principes et, dans les conditions de ma relativité et de mon historicité, reconstruire un sens (des sens). Traduire, comme lire, c'est, nécessairement, interpréter, et ma lecture peut, comme l'affirme George Steiner, aller jusqu'à l'exégèse — elle se rattache nécessairement à l'herméneutique[1].

Traduire, ce n'est pas renoncer à ma différence. C'est poser sur l'œuvre le regard d'un autre (autre, car

---

1. George Steiner, *After Babel : Aspects of Language and Translation*, (Oxford / Londres / New York, Oxford University Press, 1975), chap. V, « The Hermeneutic Motion », p. 296-413.

différent de l'auteur, mais différent aussi du récepteur imaginé, envisagé, présumé par lui). C'est soumettre l'œuvre à un regard étranger. Il est vrai que l'on est toujours plus ou moins l'étranger d'un texte et que toute lecture implique pour l'œuvre un point de vue *nouveau* et, pour le lecteur, l'apprentissage d'un langage, d'un système particulier de signes. Mais *lecteur-étranger*, le traducteur l'est doublement de par sa langue. (Le regard anglais auquel je soumets, en la traduisant, l'œuvre de Jacques Ferron, est pour cette œuvre particulièrement significatif — étranger mais prévu, ou presque. J'y reviendrai dans l'étude qui suit celle-ci.) Ce regard, mon regard, c'est le regard d'un autre, que je pose *pour* un autre comme moi, ou plutôt pour un autre plus *autre* encore que moi, car n'ayant pas la possibilité de lire l'original, n'ayant pas accès à l'œuvre dans sa forme originale. (Au moment où j'ai entrepris la traduction des *Contes*, Ferron était encore inconnu au Canada anglais.) Le traducteur est un intermédiaire, et la traduction est une lecture ambassadrice, médiatrice.

La traduction est, ensuite, une écriture. Car pour devenir cet intermédiaire, pour accomplir vraiment une médiation, je dois faire de ma lecture une écriture, l'extérioriser et, par un deuxième mouvement, me rapprocher non seulement de l'auteur, dont je suis les traces et refais les gestes, mais de cet autre « plus *autre* encore que moi », qui est mon propre lecteur.

Lire-écrire. Les deux opérations ne font qu'une. Pour le traducteur il s'agit moins de phases que d'une double activité. Certains traducteurs mettent l'accent sur l'une ou l'autre composante. Ainsi, pour Rainer Schulte, dans « Translation and Reading », c'est la lecture qui mérite d'être signalée [2]. Jacques Flamand, dans *Écrire et traduire*,

---

2. Rainer Schulte, « Editorial : Translation and Reading », *The Translation Review*, n° 18, 1985, p. 1-2.

insistera plutôt sur l'élément « rédaction »[3]. Les deux éléments n'en sont pas moins présents, nécessaires. Mais écrire, n'est-ce pas toujours lire ? Tout écrivain n'est-il pas un lecteur en même temps ? (Et inversement, tout lecteur, par la reformulation qu'il opère, n'est-il pas au moins un écrivain en puissance ?) La lecture n'est-elle pas l'autre face de l'écriture ? La traduction ne ferait, je crois, que rendre conscient et explicite ce qui ne l'est pas — ou pas nécessairement — lors de l'écriture (ou de la lecture) première. Et si la ligne de partage entre les deux opérations est loin d'être nette (Jacques Brault évoque à propos de la traduction un rapport de tension entre « une lecture déjà écrivante et une écriture encore lisante [4] »), elles sont, dans le cas de la traduction, identifiables, plus « isolables » qu'ailleurs, plus facilement démêlées.

Ainsi, lecteur, lisant, le traducteur ne connaît qu'une responsabilité, celle qui l'unit à l'auteur, celle qui l'engage à ressembler autant que possible à celui-ci. Par « responsabilité », j'entends moins la soumission à une autorité, moins une obligation, qu'une solidarité. Et par la ressemblance, j'évoque non pas une identification (le terme est, d'ailleurs, fort contesté), mais un dédoublement, tout lecteur se voyant obligé de se faire autre, tout en restant lui-même. C'est ce que Wolfgang Iser, à la suite de Georges Poulet, appelle « *thinking the thoughts of another* », le lecteur étant un double sujet :

> *Thus there disappears the subject-object division that otherwise is a prerequisite for all knowledge and all observation, and the removal of this division puts reading in an apparently unique position as regards the possible absorption of new experiences* [5].

3. Jacques Flamand, *Écrire et traduire : sur la voie de la création*, préf. de Jean Darbelnet (Ottawa, Éd. du Vermillon, 1983), 147 p.

4. Jacques Brault, « Remarques sur la traduction de la poésie », *Ellipse*, n° 21, 1977, numéro intitulé *Traduire notre poésie / The Translation of Poetry*, p. 24.

5. Wolfgang Iser, « The Reading Process : A Phenomenological Approach », *New Literary History*, vol. III, n° 2, hiv. 1972, p. 297-298.

Écrivain, écrivant, le traducteur se sentira autrement divisé. Il se rapprochera encore plus de l'auteur, montant à rebours et, par un processus d'expansion et de renouvellement hautement mimétique, fera siens tous les « tics », toutes les joies, toutes les exigences et les frustrations de l'acte d'écrire. Mais l'écriture le rapprochera simultanément de son lecteur, lui fera découvrir en même temps sa responsabilité vis-à-vis de celui-ci et de sa propre langue. Le lecteur imaginé joue un rôle important dans toute écriture, mais si pour l'écrivain il peut rester *implicite,* il devient pour le traducteur nécessairement *explicite.* Le traducteur doit s'interroger consciemment sur la réception, travailler plus encore que l'auteur — plus consciemment en tout cas — pour rendre recevable son texte. C'est pourquoi l'on peut affirmer que la traduction est une écriture à orientation prioritaire vers un destinataire précis [6]. Cette deuxième responsabilité du traducteur lui rappelle à tout moment sa différence par rapport à l'auteur. Et sa différence, il l'éprouvera à la fois comme tiraillement, comme richesse et comme limite.

Pour le traducteur l'écriture est toujours partielle, en ce sens qu'elle ne réalise qu'en partie la transmission du sens capté (construit) par la lecture. La traduction-écriture est destinée à ne pas réaliser totalement, ou à ne réaliser que rarement, ce que la lecture entrevoit. Elle reste par définition virtuelle, incomplète, la manifestation imparfaite d'une lecture qui se veut des plus complètes. Le traducteur-lecteur est motivé par son désir de tout voir, tout saisir, tout comprendre. Il relève le défi du texte, s'efforce de pénétrer toute obscurité, tout mystère, tout secret. Il se rapproche, autant qu'il est possible de le faire, de la vision première. Mais si le traducteur-lecteur aspire à la parfaite coïncidence de sa vision avec celle de l'auteur, le traducteur-écrivain renoncera à cette coïnci-

---

6. Voir l'article de Jacky Martin, « Essai de redéfinition du concept de traduction », *Meta,* vol. XXVII, n° 4, déc. 1982, p. 357-374.

dence, à cette « perfection ». Il accepte qu'il y aura forcément « décalage », que son écriture s'opérera au prix de choix douloureux à faire et que chaque choix comportera inévitablement des gains et des pertes. Et, acceptant ainsi de s'éloigner de l'auteur, le traducteur-écrivain ne se rapprocherait-il pas encore, paradoxalement, de lui ? Toute écriture n'est-elle pas imparfaite ? Toute écriture ne comporterait-elle pas le même « décalage » ? La traduction ne ferait-elle peut-être qu'expliciter et mettre en évidence un rapport d'inadéquation qui existe nécessairement entre toute écriture et la lecture qui la précède, ou plutôt (car le processus n'est pas vraiment séquentiel) qui l'accompagne et en fait partie ? Le traducteur, par sa découverte des limitations auxquelles son travail est soumis, est porté au cœur même de l'expérience d'écrire, accepte consciemment cette faille que comporte peut-être toute écriture. Double faille, alors ? Échec à double registre ? Et si c'était plutôt une complémentarité ? Pour certains théoriciens, comme Derrida, il s'agirait, en effet, de *suppléance*, l'indicible se manifestant à des endroits différents de l'original et du nouveau texte [7].

Quoi qu'il en soit, il arrive au traducteur de regretter ce passage du côté de l'écriture, qui l'oblige à des choix, là où la lecture permettait des ambivalences, des superpositions de sens possibles, une profondeur donc et une fluidité apparemment sans limites. Car, s'il est vrai que la lecture se veut reconstitution d'un sens, s'il est vrai qu'elle se caractérise par une série de choix à faire, de décisions à prendre, ces décisions, lors d'une lecture (simple ou traduisante), restent fluides, réversibles, mouvantes, peu définitives. Lors de la lecture, la décision, une fois prise, peut être renversée et le refus et le choix peuvent coexister dans toute la richesse de l'indéterminé.

---

7. Voir l'essai de Jacques Derrida, « Appendix : des tours de Babel », dans *Difference in Translation*, s. la dir. de Joseph F. Graham (Ithaca [New York] / Londres, Cornell University Press, 1985), p. 209-248.

Malgré son ambition d'une vision totale (ou peut-être à cause d'elle), la traduction-lecture s'accommode de contradictions et de polysémies, s'ouvre à toutes les possibilités. La traduction-écriture, par contre, se voit obligée de fixer et de préciser. L'appauvrissement qui résulte de décisions définitivement prises ressemblerait à celui que Wolfgang Iser évoque à propos de l'adaptation cinématographique. La déception qu'éprouve le traducteur au contact de l'écriture correspondrait, je crois, à celle provoquée chez certains lecteurs de romans par la transformation de leur « *picturing* » en « *seeing* », le « *picturing* » de la lecture restant complexe, riche, non déterminé, le « *seeing* » du cinéma fixant une fois pour toutes ce qui avait été fluide [8]. Dans le cas du traducteur, comme du spectateur de cinéma, il peut y avoir regret : celui de ne pas être resté simple lecteur. Mais c'est précisément — et paradoxalement — à cause de sa responsabilité d'écrivant, à cause de l'anticipation de celle-ci, que le traducteur-lecteur a été amené à en voir autant. C'est son projet d'écriture qui lui fait entrevoir toutes ces possibilités superposées du texte et qui fait, je crois, de sa lecture une des plus riches qui soit. (L'appauvrissement de son écriture, perçu par rapport à une lecture, serait-il proportionnel à la richesse de celle-ci ?) Et c'est ce même projet d'écriture qui confère à la traduction sa qualité particulière de lecture interrogative. Il n'y a pas de sens sans question. Roland Barthes l'a affirmé, et avec lui Mikhaïl Bakhtine [9]. Mais les interrogations de la traduction dépassent le « Que veut dire ? ». Pour le traducteur-interprète, reconstruire un sens, c'est se demander, nécessairement, comment le faire, c'est donc demander incessamment *pourquoi* et *comment* un texte

---

8. Wolfgang Iser, « The Reading Process : A Phenomenological Approach », p. 288.

9. Mikhaïl Bakhtine, *Esthétique de la création verbale*, trad. du russe par Alfreda Aucouturier, préf. de Tzvetan Todorov (Paris, Gallimard, 1984), p. 393.

signifie. C'est son engagement dans l'écriture qui fait de la traduction une lecture non seulement riche mais éminemment critique.

J'ai hésité jusqu'ici à parler de « phases » de la traduction, voulant insister plutôt sur une activité double, lecture et écriture me paraissant inséparables, leur rapport nécessairement non séquentiel. Mais phases il y a, certainement, et il arrive un tournant dans le processus — chaque traducteur peut, je crois, en témoigner — à partir duquel la perspective change, le traducteur devenant attentif surtout à la cohérence et la dynamique de son propre texte, son écriture se dotant d'une nouvelle assurance, sa lecture se faisant de plus en plus auto-lecture, auto-critique.

La traduction, à cause des limites qu'elle se voit obligée d'imposer à sa propre lecture, est à bien des égards une écriture de l'insatisfaction. Après la traduction, tout resterait à faire, à *refaire*, les insatisfactions qui subsistent pouvant nécessairement engendrer de nouvelles versions, de nouveaux textes[10]. Sans nier le caractère ouvert de toute traduction (par sa tendance même à « fixer » elle appelle le recommencement du processus dont elle est issue), j'insisterais sur la nécessité d'une fermeture. Sans fermeture, le processus n'en finirait plus. Tout traducteur le confirmera. « Fermer », c'est une façon de marquer une satisfaction qui, sans être totale, définitive, signale l'accomplissement du seul but que le traducteur puisse jamais affirmer avoir atteint : la réalisation d'un texte qui fonctionne dans la langue d'arrivée. Il s'agit d'un texte parmi d'innombrables textes possibles, mais qui *fonctionne*, c'est-à-dire qui non seulement *dit*, mais *engendre*, *génère* aussi, dont la *dynamique* satisfait, et qui crée sa propre *intégrité* de texte.

---

10. Voir à ce propos Anne Hébert et Frank Scott, *Dialogue sur la traduction : à propos du* **Tombeau des Rois,** prés. de Jeanne Lapointe, préf. de Northrop Frye (Montréal, Éd. HMH, 1970), p. 100.

Cette fermeture ne peut avoir lieu que dans la mesure où la traduction se perçoit comme texte. Il y aurait donc, après l'écriture dépendante, une écriture indépendante. Il s'opérerait, à partir d'une certaine étape, un glissement, en vertu duquel le traducteur en vient à percevoir ce qu'il écrit non plus comme *traduction*, mais comme *texte*. Ce glissement me paraît normal et nécessaire. Il faut à un moment donné — et ce moment ne doit pas survenir trop tôt — laisser de côté l'original. Laisser de côté, c'est-à-dire cesser de le lire explicitement, l'ayant en quelque sorte intériorisé, tâcher de ne plus le voir ni l'entendre pour ne voir et n'entendre que le texte d'arrivée. Ce moment-là, plus ou moins final (il y a toujours des retours possibles), je l'appellerais la *focalisation*. Il y a toujours des exceptions, le travail de réflexion ou de documentation (celle-ci peut se transformer en une véritable enquête de « détective ») ne portant parfois fruit qu'au bout de quelques mois, bien après les premières étapes de la rédaction « dépendante », et les « miracles » se produisant souvent longtemps après qu'on a cessé de les attendre. Mais de façon générale le travail dans les dernières étapes de la traduction consiste en l'élaboration de mon texte comme texte. Le glissement marque quelque chose qui n'a pas la finalité d'une coupure, mais plutôt le caractère d'une mise au point. Cette analogie visuelle me paraît à propos. Car le texte de départ ne disparaît pas totalement et l'accès n'y est pas tout à fait barré. Il reste présent à la manière des plans lointains d'une photographie. C'est une manipulation des plans visuels (ou audibles) pour n'en privilégier qu'un. Ce moment marque donc quelque chose à partir duquel le texte d'arrivée tend à affirmer son ascendance et son autonomie.

La fermeture ne peut survenir qu'après une longue et intense interaction avec le texte d'arrivée lui-même, après l'établissement, la consolidation et le contrôle de l'interrelation de ses éléments. La fermeture non plus n'est pas définitive. Une autre traduction est toujours possible (la mienne, celle d'un autre), mais dans l'insatisfaction sans fin que provoque une traduction, il faut quand même construire une satisfaction, celle d'un texte. Il y a une différence entre l'insatisfaction que peut ressentir un traducteur vis-à-vis de son texte comme *traduction* (celle-ci est, je crois, inévitable) et une insatisfaction vis-à-vis de son texte comme *texte*. La « fermeture » ne pourra avoir lieu tant que persistera cette dernière.

Le terme du processus de la traduction serait donc un texte qui fonctionne de façon autonome, un texte intègre, cohérent, et qui, dans cette perspective seulement, ne provoque chez son traducteur, son créateur, aucune insatisfaction. L'autonomie, je le sais bien, n'est en réalité qu'un leurre. Le texte de départ n'est jamais dépassé, jamais banni, jamais absent tout à fait. L'original restant présent, il me vient à l'idée que la traduction littéraire offre un cas spécial, l'un des cas les plus complexes, sans doute, et les plus fascinants, d'intertextualité. L'intertextualité est celle, évidemment, qui provient de l'interaction fondamentale de la traduction avec le texte de départ, mais elle provient aussi du rapport non moins fondamental, souvent avoué, conscient, que cette même traduction entretient avec des modèles littéraires de sa propre langue [11].

Si l'autonomie n'est qu'un leurre, elle reste aux yeux de la plupart des traducteurs une illusion nécessaire. Illusion nécessaire pour le lecteur de la traduction (présent, inévitablement, dans le nouveau texte, l'original ne doit pas afficher sa présence de manière indiscrète ou incongrue, et même les traductions qui tiennent à signaler au lecteur l'étrangeté de l'original en elles,

11. Voir le témoignage de Philip Stratford dans « The Anatomy of a Translation : *Pélagie-la-Charrette* », *Translation in Canadian Literature : Symposium 1982*, s. la dir. de Camille R. La Bossière (Ottawa, Les Presses de l'Université d'Ottawa / University of Ottawa Press, 1983), p. 126.

veulent exister, *fonctionner* selon de nouvelles lois qui leur sont propres et marquer ainsi, dans la dépendance, une indépendance qui les authentifie). Illusion nécessaire pour le traducteur lui-même aussi. Car c'est, après la déception de la restriction et de la non-coïncidence, par l'illusion d'autonomie, condition d'une véritable créativité *intra*linguale, *intra*textuelle, que le traducteur se réconcilie avec son écriture et avec lui-même.

Si la traduction-écriture, par les décisions auxquelles elle oblige, tend à arrêter, fixer, préciser, ce qui était incertain, multiple, je n'en persiste pas moins à vouloir procurer à mon lecteur une semblable incertitude-richesse, une semblable multiplicité. Comme le texte original engendre l'incertitude, ma traduction devrait pouvoir l'engendrer aussi. Il y aurait alors autant de lectures possibles de ma traduction qu'il y en a du texte original, et celles-ci ne seraient pas toutes prévisibles par moi, je le sais. Malgré une écriture en apparence restrictive, mon texte, devenu texte, se découvre des possibilités...

Voilà que, perfectionniste, ayant aspiré à une lecture totale malgré l'impossibilité de celle-ci, je goûte de façon paradoxale, réceptrice maintenant de moi-même, aux ambiguïtés qui se dégagent de quelques-uns de mes textes. Car il y a des textes tout imbus de mystère. Certains contes de Ferron le sont. Comment concilier le désir de percer le mystère avec l'ambition de le garder ? Je n'ai pas de recette à donner, mais je constate en lisant quelques contes — quelques-uns de mes préférés, d'ailleurs — que je ne sais pas ce qu'ils *veulent* dire. Ni en anglais, ni en français, je ne sais exactement. L'on ne sait jamais *exactement*, mais je n'ai ici aucune illusion — quelques petites percées tout au plus de temps à autre, pas une interprétation cohérente — et l'énigme m'attire et m'enchante de nouveau à chaque lecture. Or, une de mes plus grandes satisfactions en tant que traductrice, c'est de constater que l'anglais produit à cet égard le même effet, atteint la même *qualité* de mystère, la même *qualité* d'énigme. Le plaisir, le charme de la suggestion, du presque, de l'à peu près me paraît énorme dans les deux textes. L'un de ces contes s'appelle « L'été » (« *Summer Lethe* » [12]). Malgré la traduction de son titre, qui remplace la superposition d'éléments par leur alignement explicite et restrictif, son pouvoir d'évocation me semble très grand, son pouvoir incantatoire aussi. C'est un de ces textes auxquels l'on sait gré de ne pas vouloir tout nous dire. Je le lis comme un poème.

J'ai été amenée, au cours de mon travail, à constater l'unité du texte littéraire face à la traduction. On distingue souvent entre traduire la prose et traduire la poésie. Je crois que cette distinction — utile parfois — peut induire en erreur, que les mêmes problèmes peuvent se poser partout, et qu'il s'agit tout au plus de différences de degré et d'intensité. La traduction obligerait-elle à repenser les termes de la littérarité ? Comme l'affirme l'auteur d'un article paru en 1982 dans *Meta* :

[l]a poésie ne se situe ni au-delà, ni en marge, mais en plein cœur de la langue, dont elle explore les possibilités au même titre que les autres pratiques discursives [13].

J'ai été moi-même particulièrement sensible aux possibilités matérielles de la langue, celles dont l'exploitation crée ce que j'appelle une « voix », ou, en termes moins « personnalisés », une « musique »...

Le regard du traducteur lisant, je l'ai décrit au départ comme un « regard chercheur et faiseur de sens ». Ma lecture, je serais tentée de l'appeler aussi « lecture productrice de *sons* », tant je reste convaincue de la prédomi-

---

12. *Contes*, éd. intégrale (Montréal, Éd. HMH, 1968), p. 68-69 ; *Selected Tales of Jacques Ferron*, trad. du français (avec introd.) par Betty Bednarski (Toronto, Éd. Anansi, 1984), p. 94-95.
13. Jacky Martin, « Essai de redéfinition du concept de traduction », p. 367.

nance dans ma propre expérience de traductrice, de l'élément oral, musical. Je peux dire que j'ai ressenti les rythmes, les mesures et les cadences, le battement de pouls de la phrase ferronienne, comme une exigence, comme un impératif tout aussi urgent, tout aussi fort que s'il s'était agi d'alexandrins, de césures, d'hémistiches. Il est souvent question, dans les discours sur la traduction, de règles de versification et de conventions prosodiques, mais il y aurait peut-être lieu d'élargir le concept de prosodie pour inclure le rythme et la cadence, bref la musique de tout texte littéraire, qu'il s'agisse ou non d'un texte de poésie. On parle de la prosodie d'une langue et du défi qu'elle représente pour le traducteur. Pourquoi pas de la « prosodie » de chaque auteur ? Je tiens pour ma part à dire l'obsession musicale présente tout au long de mon travail, obsession plus ardente, travail plus ardu, sans doute, pour les premières phrases de chaque texte (chez Ferron ce sont de véritables « ouvertures », en effet), mais partout et ne me quittant point. Je peux affirmer aussi qu'entre synonymes, entre traductions alternatives, c'est souvent la physicalité du mot, sa musicalité donc, qui a déterminé un choix. Entre mots ou phrases également acceptables, ou valables, c'est la sonorité seule, ou le rythme, qui a décidé. Et je peux affirmer enfin avoir, dans un dernier temps, lu à haute voix la plus grande partie de mon texte, pour l'extérioriser, pour vérifier ma « voix » intime. La traduction-lecture a été pour moi une lecture éminemment audible. Le critique Mikhaïl Bakhtine emploie le terme « audition » comme synonyme de « réception [14] ». Interchangeable chez lui avec « lecture » ou « contemplation », le terme ne renvoie pas aux qualités sonores du texte. Ce terme m'est nécessaire. Je lui rends tout son potentiel auditif. *Audition*, ma lecture l'a été littéralement : lecture-écoute de l'œuvre de Ferron, lecture-écoute de mon propre texte.

---

14. Mikhaïl Bakhtine, *Esthétique de la création verbale*, p. 337.

C'est ainsi comme lecture et écriture à la fois que je situe mon activité de traductrice. Lecture, elle explicite et réalise un potentiel d'écriture que peu de lectures réalisent. Écriture, elle s'avoue lecture d'un texte précis et se tourne déjà vers cette autre lecture dont elle fera elle-même l'objet, et qui, anticipée, en grande partie la détermine. Appelée à commenter plus en détail un travail déjà accompli, je ne parviens pas à le reconstituer dans le quotidien de la pratique, ni à en élaborer rétroactivement une prévisibilité scientifique. Je me suis sans doute trop peu regardée faire. Mais il reste la mémoire. Et la mémoire, si je l'interroge, me livre des impressions — toujours les mêmes — avec une telle insistance que je ne saurais les ignorer. Ce sont elles que j'ai offertes ici comme observations personnelles. Qu'elles tiennent lieu de règles et de minutie.

LA LECTURE CRITIQUE
ET LA LECTURE
PÉDAGOGIQUE

La lecture critique de la littérature québécoise que je poursuis en même temps que ma lecture de traductrice est, elle aussi, une lecture qui s'écrit. Elle implique le regard d'un autre, ce regard, mon regard, posé souvent, comme celui de la traduction, *pour* un autre qui me ressemble, mais ne me ressemble pas tout à fait. Elle est donc souvent une lecture-interprétation, ambassadrice, médiatrice, visant à percevoir les grandes lignes, une périodicité, une spécificité, cherchant ensuite à les transmettre à un lecteur d'une autre culture. L'autre culture est surtout celle du monde anglophone — le Canada, l'Angleterre, les États-Unis — celle à laquelle les traductions se destinent, mais elle peut être celle autrement « différente » d'un pays d'Europe aussi. L'écriture de cette lecture accompagne parfois, sous forme d'introduction ou de postface, les traductions anglaises, qu'elle a pour fonction de présenter. Et elle se réalise la plupart du temps en anglais. Il y a pourtant des exceptions : l'article « Constantes de la littérature québécoise », par exemple, adressé à un public non québécois, mais conçu au départ en français.

Mais la lecture critique n'est pas forcément celle-ci, ne se fait pas nécessairement en fonction d'une autre culture, n'engage donc pas toujours ma différence de manière explicite. « Espace et fatalité dans *Poussière sur la ville* » et « Entre l'oral et l'écrit : les contes de Philippe Aubert de Gaspé, père » — textes en français — escamotent cette différence-là et impliquent plutôt mon appartenance à une communauté de lecteurs critiques œuvrant et communiquant surtout en français.

La troisième lecture, que j'appelle pédagogique, peut être une lecture-écriture aussi, mais elle reste surtout dite et, dans sa forme écrite, dépasse rarement le stade de notes de cours. Comme la lecture critique (la première surtout, la « médiatrice », à laquelle elle peut être assimilée), elle cherche à présenter une littérature, celle du Québec, à un lecteur-récepteur appartenant à une culture étrangère. Mais à l'intérieur de cette culture elle vise un groupe précis : étudiants des niveaux collégial et universitaire, à qui il s'agit souvent de présenter, non seulement la littérature québécoise, mais le texte littéraire lui-même et ce qui le caractérise. Ce qui s'amorce, en effet, chez l'étudiant, en fonction de qui cette lecture s'accomplit, c'est, souvent, un apprentissage, un processus d'initiation à la lecture critique...

Deux publications seulement se rattachent explicitement au contexte pédagogique. Il s'agit de « Teaching French Canadian Literature in Translation », paru dans le *Journal of Education*, et « Jacques Ferron », conçu pour la série *Profiles in Canadian Literature* publiée par Dundurn Press. La première vise, plutôt que l'étudiant, l'enseignant, avec lequel elle partage une expérience pédagogique. La deuxième se veut utile et accessible aux étudiants, mais s'adresse aux professeurs aussi. Présentation-synthèse de l'œuvre de Ferron, prolongement et approfondissement des brèves études accompagnant les traductions anglaises, elle est en même temps le lieu de cristallisations et de formulations nouvelles, qui enrichissent ma réflexion critique. La lecture pédagogique me paraît, en effet, difficilement isolable. Et de façon générale, pédagogie et critique se rejoignent et se fondent dans mes textes.

Ces deux lectures se veulent d'abord accessibles (et en cela rejoignent la traduction, tournée, nous l'avons vu, vers son propre récepteur anticipé). Je fais mienne l'affirmation double de Paul De Man :

> *The only teaching worthy of the name is scholarly* [...]. *Scholarship has, in principle, to be eminently teachable* [1].

Et je me souviens de la mise en garde de Northrop Frye :

> *If criticism could ever be conceived as a coherent and systematic study, the elementary principles of which could be explained to any intelligent nineteen-year-old, then, from the point of view of such a conception, no critic now knows the first thing about criticism. What critics now have is a mystery-religion without a gospel, and they are initiates who can communicate, or quarrel, only with one another* [2].

La lecture critique et la lecture pédagogique sont pour moi des lectures éminemment partageables, partageantes. Et elles se caractérisent par les mêmes approches et les mêmes préoccupations.

---

1. Paul De Man, « The Resistance to Theory », *Yale French Studies*, n° 63, 1982, numéro intitulé *The Pedagogical Imperative : Teaching as a Literary Genre*, s. la dir. de Barbara Johnson, p. 3.
2. Northrop Frye, « Polemical Introduction », *Anatomy of Criticism : Four Essays* (Princeton, Princeton University Press, 1957), p. 14.

Les grands thèmes de la lecture critique (de la première comme de la deuxième) sont ceux également de la lecture pédagogique, ceux mêmes qui, depuis mes premiers contacts avec la littérature québécoise, n'ont pas cessé de me préoccuper : la recherche d'un langage littéraire dans le contexte d'une langue nationale menacée (« The Humiliations of Canadian French ») ; les rapports qu'entretient l'écriture avec une tradition orale particulièrement vigoureuse et énergique (« Entre l'oral et l'écrit : les contes de Philippe Aubert de Gaspé, père ») ; la problématique de la littérature, exprimée dans les textes mêmes (c'est le principe organisateur de « Constantes de la littérature québécoise »), et, de façon générale, la littérature comme recherche et affirmation d'une voix, comme la manifestation d'un long et difficile accès à la parole.

Une des caractéristiques de la lecture critique serait, dans mon cas, la recherche de la synthèse. Je qualifierais aussi volontiers de « synthétisante » ma lecture pédagogique. Synthétisante, car faisant voir les préoccupations, les constantes, les grandes lignes. Synthétisante aussi, et surtout, à cause de l'incorporation de différents « niveaux » d'approche, de différents plans et angles de vision. Ces tendances sont résumées dans la série de questions qui forme la base de « Teaching French Canadian Literature in Translation » et dans l'introduction à « Constantes de la littérature québécoise », où l'on trouve, après le refus du « panorama », l'affirmation suivante :

Le panorama, c'est la réduction des plans en un seul. Le panorama perd en profondeur ce qu'il gagne en étendue. Or, mon étude, qui réduit, elle aussi, forcément, je l'ai voulue tout de même à plans multiples, comme doit l'être, pour moi, l'enseignement de la littérature. Et mon lecteur, je l'ai imaginé curieux, non pas de faits, mais de synthèses, d'approches et de perspectives[3].

Cet article critique a, en effet, comme le précise l'introduction, une orientation fortement pédagogique. Issu de conférences, il est la distillation de quinze ans d'enseignement ininterrompu.

Chacun de mes cours pourrait être distillé en un article. Chaque article — et parfois même un seul élément d'article — fournirait la base d'un cours ou d'une série de cours. Voici, en guise d'« illustration », ce que pourrait devenir la notion du « difficile accès à la parole », évoquée brièvement dans « Constantes de la littérature québécoise » (p. 249-250), dans le contexte d'un cours ou d'une étude sur le roman québécois et, plus précisément, sur la narration romanesque. Je l'appellerais, cette étude, ce cours, *L'émergence du sujet parlant dans le roman québécois contemporain*, et j'y tracerais l'autonomie progressive du personnage vis-à-vis de son narrateur, la prise en charge de la narration par le personnage et la naissance du narrateur-écrivain. Cette évolution, qui correspond à une évolution du roman contemporain universellement reconnue, me semble particulièrement significative dans le contexte québécois, où la littérature reflète, à plusieurs niveaux, une prise de parole collective.

L'on note d'abord, en suivant plus ou moins la chronologie du XXᵉ siècle, un premier type de roman (*Maria Chapdelaine* et *Trente arpents,* par exemple), celui où s'accuse un grand écart entre personnages et narrateur, où les personnages sont comme exclus de la parole, où celle-ci est prise en charge par le narrateur. Le cas de *Maria Chapdelaine* est particulièrement intéressant. Le personnage principal se caractérise par son mutisme et son silence. Il lui manque une voix personnelle. Pour y

---

3. « Constantes de la littérature québécoise », *Littérature québécoise : voix d'un peuple, voies d'une autonomie,* s. la dir. de Gilles Dorion et Marcel Voisin (Bruxelles, Éd. de l'Université de Bruxelles, 1985), p. 231.

suppléer il y a non seulement le narrateur omniscient mais aussi des voix mystérieuses, « venues d'ailleurs », que le personnage écoute littéralement et qui, à la fin du roman, lui dictent la décision que l'on sait : ne pas partir, rester au pays... Or, Maria ne décide rien. Elle capte un message, transmis par des voix que la critique moderne appelle « voix du pouvoir ». Et l'absence ici d'une voix authentique et personnelle signifierait l'incapacité de dire et d'exprimer autre chose qu'un discours appris...

Un deuxième type de roman (*Bonheur d'occasion*, par exemple) se caractérise, lui aussi, par l'écart toujours grand entre narrateur et personnages, ces derniers étant encore exclus de la parole, à l'exception toutefois de ceux d'entre eux qui, accédant au rôle de porte-parole de l'auteur, accèdent en même temps au niveau de la réflexion philosophique. Ce type de personnage formule, avec le narrateur, les grandes questions morales du roman, se rapproche donc du narrateur, dont il partage l'activité et les préoccupations intellectuelles.

Le roman à la première personne du type de *Poussière sur la ville* fait disparaître l'écart. Personnage et narrateur sont devenus un. Le « je » poursuit seul sa difficile réflexion, pose les questions, formule des réponses, accède pleinement à la parole — enfin *se dit*. Mais la culmination n'est pas là. Elle vient pour moi plus tard avec un roman comme *Une saison dans la vie d'Emmanuel*, où le personnage de Jean-le-Maigre accède non seulement à la parole mais à l'écriture. Son récit, qui interrompt, l'espace d'une trentaine de pages, le récit proprement dit, est une autobiographie, une œuvre littéraire. La culmination, c'est encore plus un roman comme *Prochain épisode*, où le narrateur « je » devient à la fois narrateur, personnage et écrivain et prend sur lui l'entière responsabilité du récit — ou des récits — avec tout ce que cela comporte de victoires, mais aussi d'angoisses et d'échecs. Dans ce type de roman (il y a en plus : *Salut Galarneau,*

l'Amélanchier...), l'exploration du langage et l'approfondissement de la compréhension littéraire des choses se
poursuivent avec la collaboration et la complicité du
personnage.

Le narrateur a fonction de *dire*. Il a aussi fonction de
voir. Le personnage, en accédant à la *parole*, accède en
même temps à la *vision*. Les premiers personnages, ceux
qui se caractérisent par leur mutisme, sont remarquables
aussi par leur cécité. Et l'on pourrait suivre, je crois,
après la filiation parole-écriture, dire-écrire, celle, parallèle, de voir-lire, et tracer ainsi l'évolution du regard autonome et la prise de conscience de la lecture. L'on
noterait alors une deuxième culmination (dans un
travail tout axé sur la lecture, je me devais de la
signaler), celle que représente chez Bessette, Blais,
Aquin, Ferron, Ducharme, la parution de narrateurspersonnages-lecteurs. De simples personnages-lecteurs il
y aurait aussi en quantité. Et je conçois déjà la nécessité,
après le précieux *Romancier fictif* d'André Belleau[4], d'un
Lecteur fictif, étude analogue, complémentaire.

Ainsi, par l'accès à la parole-écriture et, parallèlement, à la vision-lecture, s'affirme une autonomie. Autonomie d'un sujet québécois surtout et, dans des textes
plus récents (ceux de Brossard ou de Théoret, par
exemple), d'un sujet femme, qui, par la voix et le regard,
s'affranchit. Et tout cela s'accompagne, il va sans dire,
d'une interrogation sur le rôle et la fonction de l'écriturelecture. Sur son fonctionnement aussi. C'est cette interrogation qui, au-delà des différents thèmes et préoccupations de la littérature québécoise, de plus en plus me
retient. Si depuis tant d'années cette littérature ne cesse
de me fasciner et de m'émouvoir, c'est, évidemment, par
tout ce qu'elle m'apprend au sujet d'un peuple que je ne

---

4. André Belleau, *Le Romancier fictif : essai sur la représentation de
l'écrivain dans le roman québécois* (Montréal, Les Presses de l'Université
du Québec, 1980), 155 p.

connaissais guère, c'est, évidemment, par tout ce qu'elle me dit, par le biais de son expérience particulière, intensément vécue, de l'éternelle condition humaine. Mais c'est aussi, et surtout, par les questions qu'elle m'oblige à me poser — à moi-même et à d'autres — au sujet de la littérature. Quelle est la relation entre lire et écrire ? Qu'est-ce qu'un poème ? Qu'est-ce qu'un conte ? Comment fonctionne un récit ? Quel est le lien entre une société et ses textes ? Quel est le statut moral de l'écrivain ? Pourquoi l'être humain persiste-t-il à travailler, à structurer ainsi son expérience ? Quelle est la fonction de ces formes qu'il ne se lasse pas d'inventer ? Où sont les liens entre fiction et autobiographie, entre littérature et vie ?

En tant que pédagogue et lectrice, je suis convaincue qu'en entreprenant l'étude d'œuvres littéraires l'on ne devrait jamais prendre pour acquise leur existence, que l'on ne devrait jamais cesser de s'étonner de la persistance de cette activité humaine... Et en tant que pédagogue, je vois là un des aspects les plus précieux de mon travail : dans une société de consommation où l'on *reçoit* tout — où l'on *reçoit* aussi le livre — contribuer à restaurer au lecteur une saine appréciation, une saine curiosité et — pourquoi pas ? — un sain émerveillement devant l'objet apparemment banal qu'il a sous les yeux.

C'est ainsi, par une curiosité du « pourquoi » et du « comment », que la lecture critique et la lecture pédagogique se rejoignent encore pour moi et qu'elles se découvrent de nouvelles affinités avec la traduction-lecture, dont les interrogations incessantes sont souvent de même nature. Et c'est, enfin, par cette même curiosité partagée qu'elles s'ouvrent toutes trois à la littérature elle-même dans ce qu'elle a de plus moderne.

CARREFOURS

Mes trois lectures se recoupent. Elles ont aussi quelque chose de familier, de familial. Cherchant les points de rencontre, je les trouve d'abord dans quelques constantes qui traversent ma triple activité, la dotant d'une logique et d'une cohérence internes. Ainsi, l'intérêt porté à la langue, matière première de la littérature, semble-t-il aller de pair avec cette activité parallèle, ce travail à même la langue, qu'est la traduction. Ainsi cette tendance à concevoir la traduction non seulement comme regard mais aussi comme « audition », et cette attention toute spéciale accordée aux « voix » du texte, me semblent-elles préfigurer l'intérêt que recéleront pour moi, lors de mes lectures critique et pédagogique, les différentes voix de la narration romanesque, comme elles semblent préfigurer aussi la conception d'une littératurevoix et cette façon d'envisager la littérature québécoise comme la recherche d'une voix distinctive, authentique. Elles se tiennent, ces lectures, et se ressemblent. Je le constate avec intérêt, avec satisfaction aussi. Mais je cherche plus loin. Je cherche encore, au-delà de cette logique interne, de ces ressemblances et de cette parenté, les instances d'entraide et d'éclairage mutuel et, plus particulièrement, entre la traduction et l'une ou l'autre des deux lectures rapprochées, une interaction bénéfique.

La traduction me paraît, dans mon cas, informer la pédagogie, que j'enseigne ou non les textes par moi traduits. La traduction m'aura appris cette souplesse : aller vers l'histoire littéraire, l'histoire de la langue, aller encore vers le social, le politique, le biographique... sortir du texte, sans que ces sorties soient jamais gratuites ; sortir du texte, mais toujours autorisée, invitée à le faire par lui ; sortir et au plus tôt y replonger. Le travail du traducteur est de nature à le plonger irrémédiablement dans le texte, l'ouvrant en même temps à tout ce qui peut du dehors l'éclairer. L'enseignement garde, je l'espère, chez moi, la même complexité, la même flexibilité, la même ardeur du détail et la même exigeante discipline du contexte. Je crois même que la traduction pourrait avoir de fortes applications pédagogiques. (L'on y revient, d'ailleurs, pour ce qui est de l'acquisition d'une langue, y accordant une place importante et insistant de nouveau sur les bénéfices de la stylistique comparée [1].) Intégrer la traduction dans l'étude d'une littérature étrangère obligerait l'étudiant à orienter son regard avec précision, concentrerait sa lecture et l'intensifierait. Je conçois sans difficulté un contexte pédagogique où la traduction comme exercice d'exégèse

---

1. Voir Anne D. Cordero, « The Role of Translation in Second Language Acquisition », *The French Review*, vol. LVII, n° 3, févr. 1984, p. 350-355, et Robert Jeantet Fields, « Un retour à la traduction comme moyen d'étude », *The French Review*, vol. LVI, n° 3, févr. 1983, p. 456-459.

littéraire jouerait un rôle tout aussi important que celui joué à présent par l'explication ou l'analyse de texte, où la confrontation de différentes versions d'un même texte aurait toute la richesse d'un dialogue critique.

« Traduire, dit René Char à la suite de son traducteur, c'est lire en profondeur[2]. » C'est aussi écrire et s'interroger sans cesse sur ce que l'on lit-écrit. Traduire, nous l'avons vu, c'est déjà faire œuvre de critique. Et la pratique de la traduction informe sans doute chez moi la pratique de la critique proprement dite. La traduction m'enseignerait la possibilité d'une lecture à approches multiples et la nécessité d'un équilibre entre tout ce qui élargit le champ de la critique et tout ce qui le restreint et le limite, entre tout ce qui permet de situer l'œuvre dans un contexte et tout ce qui concentre le regard sur son fonctionnement comme texte. Se reconnaissant des affinités avec diverses méthodes critiques, la traduction m'inclinerait, je crois, à une critique ouverte, à forte tendance éclectique, capable de réconcilier des approches apparemment contradictoires ou qui se prétendraient exclusives.

Je reconnais l'apport de la critique, qui m'aide à me rendre compte de ce que je fais en tant que traductrice, aiguise et approfondit ma perception du texte. Je n'en reste pas moins persuadée que ce que je fais en traduisant devrait intéresser la critique. Au-delà de l'interaction, somme toute assez restreinte, que j'ai pu personnellement constater lors de ma propre pratique, la traduction aurait, je crois, en ce moment, des applications plus larges à la critique, des applications que je devine plutôt que je ne les précise et qui s'avéreraient susceptibles de

---

2. Cité par Jonathan Griffin dans *Poems of René Char*, trad. et comm. par Mary Ann Caws et Jonathan Griffin (Princeton, Princeton University Press, 1976), p. xxvii. Je dois cette référence à Jacques Brault (« Remarques sur la traduction de la poésie », *Ellipse*, n° 21, 1977, numéro intitulé *Traduire notre poésie / The Translation of Poetry*, p. 14).

confirmer, d'éclairer, d'enrichir et — qui sait ? — de réorienter la critique...

Liée matériellement à la langue et au texte, la traduction ne pourrait que se sentir solidaire des diverses formes du structuralisme qui, redevables à la linguistique, orientent la critique vers une conception matérialiste du texte. Et cette critique se sentirait à son tour solidaire et curieuse de la traduction elle-même, de ses processus et de ses mécanismes... Ré-énonciation, la traduction intéresserait, je crois, par ses stratégies, une critique qui, depuis un certain temps, privilégie l'énonciation, laissant de côté ou dévalorisant l'énoncé. Pratique textuelle, elle attirerait sur elle le regard de toute critique préoccupée par le matériau du texte. Lecture consciente d'un texte précis, mais lecture à traces, lecture extériorisée, concrétisée — écriture donc aussi — elle enrichirait par son exemple ces critiques pour lesquelles la notion de lecture acquiert une nouvelle visibilité. Il peut s'agir de ces lectures internes, que l'écriture, nécessairement, accomplit, et que la traduction, nous l'avons vu, rend plus facilement isolables, car plus explicites. L'interaction d'une traduction-lecture-écriture avec son texte de départ serait alors de nature à éclairer les mécanismes de l'intertextualité, comme son interaction avec un lecteur prévu — imaginé, mais non moins actif — mettrait en lumière le phénomène de l'auto-lecture ou de la réception anticipée. Mais il peut s'agir également d'une lecture réelle (comme on dit « lecteur réel »), c'est-à-dire de la réception proprement dite. La traduction est elle-même une réception, consciente, attentive, et c'est en tant que telle surtout qu'elle sollicite le regard d'une critique orientée aujourd'hui vers la lecture créatrice. Elle-même réception, ayant en plus l'ambition de permettre une réception multiple, elle privilégie toute cette dimension extra-textuelle des consciences constitutives, permet de concevoir, au-delà du texte, une œuvre, au-delà d'une structure, une architectonique...

Et enfin, reconstitutive d'une architectonique, la traduction n'obligerait-elle pas à tenir compte aussi de cette première conscience, autrefois survalorisée, mais de nos jours éclipsée ou abandonnée, celle de l'auteur, participant légitime de l'événement artistique ? Orientée en même temps vers un auteur et un lecteur, restaurant aux deux leur juste place, la traduction constituerait-elle pour la critique un rappel salutaire ? Le lecteur n'aurait-il pas besoin de l'auteur ? La représentation mentale du dessein de l'auteur n'aurait-elle pas, lors de la lecture, la même importance qu'avait, lors de l'écriture, celle du lecteur dans la conscience de l'écrivain ? La traduction ne peut pas ne pas tenir compte de l'auteur. Aiderait-elle à reprendre enfin conscience de lui ?

Le lecteur-traducteur appellerait par son exemple une lecture intégrante, intégrée, semblable à celle qu'annonce Bakhtine et qui, reconnaissant à l'auteur son statut de sujet, de participant et de conscience constitutive, définirait ainsi son ambition, sa problématique : comment lui redonner (c'est-à-dire, comment redonner à l'auteur) la parole [3] ? Et dans la mesure où ce qui distingue les différentes critiques, c'est, comme l'affirme Todorov, moins une méthode d'approche qu'une notion de ce qu'est son objet, dans la mesure donc où toute critique reposerait nécessairement sur une définition de la littérarité [4], la traduction offrirait, je crois, l'avantage d'un regard multiple, je dirais même totalisant, compréhensif, le contraire en tout cas d'un regard exclusif... Ce regard, le plus équilibré et le plus complet qui soit, finira sans doute par s'imposer à la critique.

---

3. La formulation est de Tzvetan Todorov. Voir sa préface à l'ouvrage de Bakhtine, *Esthétique de la création verbale* (Paris, Gallimard, 1984), p. 21.

4. Tzvetan Todorov, *Critique de la critique : un roman d'apprentissage* (Paris, Seuil, 1984), p. 34.

Et dans la mesure où la littérature elle-même — non contente de s'en remettre au regard de la critique (et de la théorie) — se soumet de plus en plus à son propre regard critique (et théorique), se demande donc de plus en plus ce qu'elle est, la traduction me semble susceptible de l'intéresser, même de la fasciner. Après la prolifération de personnages et de narrateurs écrivains ou lecteurs, je note la parution du traducteur fictif [5]. Peut-être sera-t-on bientôt en mesure de situer son avènement et de tracer son évolution comme sujet ? Quoi qu'il en soit, la traduction de nos jours acquiert une nouvelle visibilité. Participant à la fois d'une lecture, d'une écriture et d'une critique, la traduction me paraît désormais se situer au carrefour de toutes les interactions et de toutes les créativités littéraires contemporaines.

---

5. Voir entre autres le roman d'Italo Calvino, *Si par une nuit d'hiver un voyageur* (Paris, Seuil, coll. Points, série Roman n° 81, 1982, 288 p.).

RÉFLEXIONS SUR L'ALTÉRITÉ À PARTIR D'UNE LECTURE DE QUELQUES MOTS ANGLAIS DANS UN TEXTE FRANÇAIS

LES MOTS

Peut-on dire, de façon générale, que lorsque la langue devient, implicitement, le sujet du texte, la traduction, elle, devient particulièrement périlleuse ? Que lorsque la langue, pour une raison ou une autre, dans un contexte ou un autre, se commente, se regarde, se voit faire, la tâche du traducteur devient plus difficile ? Je crois que oui. Ce serait le cas de ces jeux de mots et de ces calembours auxquels tôt ou tard tout traducteur finit par se heurter. Mais, dans la mesure où il s'agit là de la langue se réjouissant tout simplement de ressources qui existent en elle, qui existent dans toutes les langues, le traducteur n'aura qu'à chercher pour en profiter ; elles existent aussi dans la sienne. Ce serait le cas des problèmes associés à la traduction en anglais de ces textes féministes québécois, dont le but est de subvertir, en la minant, la langue patriarcale. Mais, là encore, les ressources de subversion, quoique différentes, sont disponibles dans les deux langues. Malgré les difficultés — et elles sont énormes — des stratégies analogues peuvent être mises en place en anglais[1]. Le problème est plus simple, peut-être, mais infiniment plus difficile à résoudre, lorsque le sujet implicite est le rapport entre deux langues et que ce sont, en l'occurrence, la langue d'arrivée et la langue de départ. C'est à cela que tient, en partie, la difficulté de traduire en anglais des textes écrits en joual, une des caractéristiques de ce dernier étant la fréquence des anglicismes. (Le joual a déjà fait couler beaucoup d'encre — encre de traducteur, entre autres[2]. J'y reviendrai.) J'ai dû moi-même, en traduisant Ferron, réfléchir longuement au problème épineux posé par la présence cocasse d'une poignée de mots anglais qui font irruption, çà et là, dans son texte. Mes réflexions peuvent paraître parfois tortueuses, fastidieuses. Elles ne viennent pas à bout du problème de traduction, qu'elles tournent et retournent, sans le résoudre, et qui reste à la fin rétif, intact. Elles ne tournent pas pour autant en rond. Elles mènent loin. J'aimerais les partager.

Quels sont-ils, ces mots anglais de Ferron ? Quelques noms propres d'abord : *les Stétes, le Farouest, Edmontonne, le Tchiffe, Biouti Rose* ; des exclamations ensuite : *néveurmagne, Lorde Djisusse, huré* ; quelques noms aussi comme *bines, bisenesse, bosse, brecquefeste, clergimane, cuiquelounche, gagnestère, mizeule, ouiquène, ranche, raquète, touristeroume* ; un verbe : *il bite* ; l'épithète

1. Voir l'article de Barbara Godard, « Language and Sexual Difference : The Case of Translation », *Atkinson Review of Canadian Studies*, vol. II, n° 1, aut.-hiv. 1984, numéro intitulé *Politics, Language, Literature*, s. la dir. de David C. Davies, p. 13-20.

2. Voir l'article de Ray Ellenwood, « Some Notes on the Politics of Translation », *Atkinson Review of Canadian Studies*, vol. II, n° 1, aut.-hiv. 1984, numéro intitulé *Politics, Language, Literature*, s. la dir. de David C. Davies, p. 25-28 et celui de David Homel, « The Way They Talk in *Broke City* », *Translation Review*, n° 18, 1985, p. 23-24.

ouonnedeurfoules, enfin, et une petite phrase interrogative bien déguisée : *ouèredéare ?* suivie d'une deuxième
question : *hou* [3] ? Le déguisement est en effet la caracté-
ristique principale de ces mots anglais francisés, et c'est
la transformation malicieuse de la graphie qui attire
avant tout l'attention de la lectrice que je suis.

Je suis consciente des connotations négatives que peut
avoir le mot anglais en (con)texte québécois. Je sais que sa
présence rappelle automatiquement une agression, le
niveau de résistance très bas d'une langue par rapport à
une autre. Les mots de Ferron évoquent, eux aussi, une
menace. Comment pourrait-il en être autrement dans un
texte québécois ? Les noms propres ne peuvent que renfor-
cer, dans certains contes, les thèmes du dépaysement et
de l'exil. Dans d'autres, des mots comme *cuiquelounche* ou
touristeroume s'associent à la dépossession ou la dégrada-
tion du personnage. Mais, malgré la menace (ou serait-ce
peut-être *à cause* d'elle ?), je reste surtout sensible à la
francisation que ces mots ont subie. Je prends au départ
pour acquis que le texte de Ferron opère vis-à-vis des
unités lexicales anglaises une assimilation, une appropriation, et que ce texte-là est un texte éminemment
actif. Les mots anglais, minoritaires, sont soumis à
l'autorité du système graphique français, et cet « enquébecquoisement » espiègle n'est pas sans rappeler celui,
cocasse, mais non moins rituel, de certain personnage du
Ciel de Québec. Ferron se comporte avec les mots comme il
se comporte avec ce personnage, qui m'a inspiré bien des
réflexions, lui aussi. Il y a dans les deux cas action

---

3. Les mots se trouvent dans les contes suivants : « Cadieu »
(*cuiquelounche, raquète*), « Mélie et le bœuf » (*les Stétes, le Farouest, bines*),
« La vache morte du canyon » (*le Farouest, Edmontonne, le Tchiffe, Biouti
Rose, Lorde Djisusse, huré, bisenesse, bosse, bite, clergimane, gagnestère,
ranche, touristeroume*), « Ulysse » (*ouonnedeurfoules*), « Les Sirènes »
(*ouiquène, ouèredéare ? hou ?*), « Le Petit Chaperon rouge »
(*néveurmagne*), « Chronique de l'anse Saint-Roch » (*brecquefeste*),
« Retour au Kentucky » (*mizeule*).

exercée par rapport à une réalité anglaise. Il y a victoire
— provisoire, sans doute, symbolique — mais il y a
victoire. Et cette victoire rend définitivement vaine toute
tentative d'assimiler l'entreprise de Ferron à celle des
auteurs du joual, avec qui elle n'a en fin de compte que la
transcription en commun [4].

Le texte littéraire joual vise, dans ses dialogues, à
produire une représentation réaliste d'un parler populaire québécois et, au niveau du récit, à faciliter la péné-
tration de l'écrit par le parler. Or, chez Ferron, le dialogue n'est jamais réaliste, se distingue à peine de la narration. Et la narration, si elle étale à l'occasion le mot
étranger, accueille au passage l'archaïsme ou fait sienne
la création populaire, si elle avoue par certaines formules
ou conventions ses accointances avec la tradition orale,
ne se laisse pas pour autant pénétrer par un parler ré-
gional quelconque. Les mots anglais de Ferron ne sont
d'ailleurs pas les plus fréquents du contexte linguistique
québécois, ni alors les plus « dangereux ». Ce ne sont pas
non plus, pour la plupart, de véritables anglicismes,
quelques-uns seulement étant des emprunts ou des faits
de langue en passe de se lexicaliser. Il s'agit d'un choix
très personnel, d'un « lexique » anglais extrêmement
sélectif et non pas, à proprement parler, représentatif ou
typique. Il arrive même plusieurs fois que le mot anglais
ne soit pas le fait d'un Québécois, narrateur ou personnage, mais qu'il se rattache, implicitement ou explicitement, à un locuteur de langue anglaise. Dans ces cas-là le
mot anglais ne sert qu'à signaler avec curiosité et indul-
gence une réalité non-québécoise, vaguement menaçante
sans doute, mais surtout amusante et exotique, une

---

4. Voir à ce propos l'article de Barbara Godard, « La grande
querelle », *Journal of Canadian Fiction*, vol. III, nº 3, 1974, p. 106-108, où
l'on trouve cette affirmation, à mon avis problématique : « Le joual en
tant que langage littéraire a ses racines dans les anglicismes des contes
de Ferron, qui, mieux que tout autre écrivain, a exprimé la condition
d'aliénation que subissent les gens de la ville parlant joual. »

réalité ontarienne, peut-être, ou britannique. Le texte en joual, par contre, exhibe, tant au niveau morpho-syntaxique qu'aux niveaux phonétique et lexical, tous les signes de sa différence régionale. Et l'anglicisme — c'en est un, ici — n'est qu'un reflet parmi bien d'autres d'une condition linguistique locale.

S'il est vrai qu'on a pu évoquer à propos du joual la notion de victoire, cette victoire serait toute dans l'aveu, dans la mise à nu. La force et l'impact indéniables de cet aveu ne changent rien au statut précis des mots anglais à l'intérieur d'un texte donné. Et il suffirait, pour distinguer les mots de Ferron des *tchesteurfilde* ou des *mâchemallo* d'un Jacques Renaud, de considérer un moment leur contexte. D'une part, un texte de colère et d'érosion, à peine contrôlé, un français qui menace à tout moment de s'effondrer. D'autre part, une narration magistrale, majestueuse, où le français est sûr et maître de ses moyens. Chez Renaud les anglicismes se mêlent à un aveu d'impuissance qui se veut exorcisme. Les mots anglais, chez Ferron, sont l'occasion d'aimables moqueries, de joyeuses prises de possession, dans un contexte linguistique qui rectifie, plus qu'il ne reflète, la réalité.

On m'objectera peut-être que le phénomène de transcription reste objectivement le même, quels que soient le contexte et la charge émotive, et que le problème de traduction reste par conséquent objectivement le même, lui aussi. Je suis convaincue que non et que le traducteur ne saurait se limiter à la simple constatation d'un procédé technique. Toute tentative de transcription, si elle est vraiment nouvelle, attire sur elle l'attention et, par là même, sur l'écriture dans ce qu'elle a de plus physique et de plus matériel. Mais il y a, derrière, une intention, et c'est cette intention que le traducteur se doit de déceler. Il est vrai que dans le texte en joual l'anglicisme mérite souvent une graphie française et que le phénomène est alors identique, au point de vue technique, à la francisation chez Ferron. Mais dans le texte en joual l'anglicisme n'est pas le seul élément à mériter une telle transcription. Le joual cherche à attirer l'attention, par l'intermédiaire d'une créativité graphique (mais en allant bien au-delà d'elle), sur une façon de parler (ne serait-ce pas cela, finalement, le joual : bien plus qu'un parler, une *façon* de parler ?), sur un débit, un rythme et un accent particuliers. Malgré leurs différences, les textes joualisants se rejoignent tous, quel que soit le projet individuel qui les anime, quel que soit le genre aussi, par une intention commune : faire écho à la langue parlée. Mais alors qu'au théâtre on accepte plus facilement, à cause du contexte oral, que le texte ne soit que partition, renvoyant à la manière d'une partition de musique à l'oreille et à la voix, dans un roman le caractère utilitaire de la graphie est moins évident et le lecteur risque de se laisser fasciner (ou rebuter) par elle. C'est ainsi que Michel Tremblay a pu exprimer des réticences quant à l'emploi du joual dans un roman. Le joual, dit-il, dans une interview, « c'est laid à lire. » Et il continue :

> Ça sert à rien d'écrire des romans joual au complet non plus, parce que je respecte beaucoup trop le lecteur éventuel pour lui faire endurer du joual. Quand un lecteur qui lit du théâtre sait qu'il va lire du joual d'avance, pis qu'y l'accepte au départ, il s'habitue en le lisant tout haut [5].

Autrement dit, le lecteur du roman, en s'attardant sur la transcription, finira peut-être par y attacher plus d'importance qu'elle n'en avait pour l'auteur.

Cela ne veut pas dire qu'il n'y a pas dans les textes en joual des moments de pure fête, où l'écriture se laisse tout simplement aller au plaisir d'inventer une graphie. Mais dans ces cas-là — rappelons-le — l'action de l'écriture ne s'exerce pas seulement par rapport à un emprunt anglais ; elle s'exerce tout aussi bien par rapport au français, dont elle bouleverse souvent les conventions

---

5. *Nord*, n° 1, 1971, p. 71.

graphiques, et parfois même jusqu'à la logique syntaxique. Et de manière générale la graphie reste, dans l'ensemble des textes en joual, un moyen plutôt qu'une fin en elle-même.

Chez Ferron, par contre, l'intention n'est pas la même. Son texte n'a rien d'une partition de musique — la graphie ne renvoie qu'à elle-même, drôle, joyeuse, le temps d'un petit triomphe sur un mot anglais et sur une convention anglaise, qu'elle remplace, sans rien forcer du tout, et que, par là même, implicitement, elle nie.

Il se passe à la fois plus et moins dans un texte joual. Vengeresse à ce point, la graphie jouale ne saurait l'être. L'assimilation de l'anglais qu'accomplit si allègrement le texte de Ferron aura fatalement d'autres connotations chez l'écrivain du joual. L'assimilation est un de ces phénomènes qui changent radicalement d'aspect selon l'optique adoptée, à la manière de ces formes tantôt concaves tantôt convexes selon les conditions de leur perception. Or, dans les conditions qu'impose le texte joual, cette assimilation-là, pour amusante qu'elle soit, aura infailliblement l'aspect d'une infiltration par l'autre, et donc d'une défaite. Elle fera rire, peut-être, mais elle fera aussi très mal. Chez Ferron, malgré les conditions objectives de la situation linguistique québécoise, il n'en est rien. La victoire de Ferron n'a pas d'équivalent en joual, à moins que ce ne soit, chez les joualisants, cette victoire sur la convention tout court, sur les convenances et les « mensonges » d'une écriture « standard ». Mais alors le problème de traduction n'est plus du tout le même. Et c'est précisément parce que la différence me semble tout entière contenue dans cette notion de victoire, que ma réflexion est à ce point centrée sur elle.

La victoire de Ferron serait donc celle d'une appropriation de l'anglais par le français. Or, parmi ceux qui pratiquent la traduction ou qui réfléchissent sur elle, l'appropriation est une notion fort discutée. Il va sans dire qu'elle prend alors une signification beaucoup plus large que celle, étroite, que je viens d'évoquer. Aspect essentiel du processus herméneutique de la traduction selon George Steiner [6], elle gêne certains traducteurs et écrivains québécois, à qui elle rappelle la domination et la colonisation contre lesquelles ils ont tant lutté. Traduire sans assimiler, sans agresser, voilà qui devient l'ambition de ce que Jacques Brault appelle la « nontraduction [7] ». Cette nontraduction, si elle correspond à certaines conceptions de la traduction déjà élaborées ailleurs [8], naît dans le contexte québécois d'une hypersensibilité linguistique et culturelle, et donc d'une spécificité de la situation canadienne. Vu les circonstances (certains vont jusqu'à évoquer une diglossie [9]), on hésite du côté québécois à s'approprier par la traduction une réalité de l'autre (elle s'est déjà tant imposée), tout comme on hésite à se laisser assimiler. Traduire et être traduit comporteraient donc un même danger.

Quant à moi, cette notion de la traduction comme appropriation me regarde. Elle me semble très pertinente ici. Je ne voudrais pour rien m'approprier ces mots anglais déjà si finement « volés » par le texte français. L'appropriation, qui ne me gêne pas (mais pas du tout — et j'y reviendrai) dans mon contact avec le reste du texte, me gêne — et profondément — dans le cas de ces quelques

---

6. George Steiner, *After Babel : Aspects of Language and Translation* (Oxford / Londres / New York, Oxford University Press, 1975), p. 297-298.

7. Jacques Brault, *Poèmes des quatre côtés* (Saint-Lambert [Québec], Éd. du Noroît, 1975), p. 14-16, 32-34, 50-52, 68-70, 88-95.

8. Friedrich Schleiermacher et Walter Benjamin, par exemple. Voir la discussion de cette affiliation dans E. D. Blodgett, « How Do you Say " Gabrielle Roy " ? », *Translation in Canadian Literature : Symposium 1982*, s. la dir. de Camille R. La Bossière (Ottawa, Les Presses de l'Université d'Ottawa / University of Ottawa Press, 1983), p. 23-25.

9. Voir Ben-Zion Shek, « Quelques réflexions sur la traduction dans le contexte socio-culturel canado-québécois », *Ellipse*, n° 21, 1977, numéro intitulé *Traduire notre poésie / The Translation of Poetry*, p. 111-117.

mots. Rendre aux mots leur graphie d'origine, leur faire perdre leur déguisement, ne serait-ce pas justement les récupérer, littéralement me les réapproprier ? Par cette opération, selon un principe de conversion en apparence logique, l'anglais réintégrerait son bien et un événement capital du texte français disparaîtrait, sans que rien au passage ne soit signalé. Pour le traducteur, une première solution semble donc être éliminée.

Mais alors, peut-on convertir (puisque c'est à cela que tend la traduction) ? Peut-on signaler au lecteur, en ne se servant que de son système graphique à lui, que des mots de sa langue ont été transformés au contact d'une langue étrangère ? Une option se présente : rendre l'accent français par une graphie anglaise.

Si je fais allusion à cette possibilité, quoique je ne l'aie jamais sérieusement considérée comme solution, c'est pour montrer à quel point la conversion uniforme, systématique, devient problématique, dans quelle mesure traduire tout, complètement (en superficie), peut pervertir le sens profond de l'original, à quel point accomplir minutieusement et avec zèle le travail de traduction peut aboutir à une négation de l'original, à un non-sens même. Si j'en parle, c'est pour montrer qu'il faut parfois, par respect, ne pas aller jusqu'au bout, savoir où arrêter le processus.

Dans la mesure donc où l'on « interprète » une graphie, où l'on entend, forcément, en lisant *néveurmagne, touristeroume, clergimane,* un accent québécois ou français, ne devrait-on pas essayer au moins de signaler cet accent au lecteur ? Mais rendre la prononciation serait passer à côté du problème, qui est une prise de possession des mots par le francophone. Rendre l'accent français au moyen d'une graphie immédiatement compréhensible, lisible, en anglais, serait réduire le tout à une prononciation fautive, amusante, régionale, ethnique. L'effet serait le contraire de celui voulu par Ferron. C'est plutôt le sujet français ou québécois qui serait ici diminué. Convertir l'accent serait ridicule. Ce qui peut paraître d'abord logique aboutirait donc à une trahison du texte. Et éliminer carrément le phénomène, même si ce n'est pas ce que je propose, me semblerait, paradoxalement, une moindre trahison.

Dans le texte de Ferron les mots ont déjà été filtrés à travers la conscience d'un francophone. Il y a distorsion. Et c'est le système phonétique et graphique français qui exerce le pouvoir vis-à-vis de l'anglais. Les mots anglais, par leur petit nombre, subissent l'autorité et le prestige de la langue majoritaire du texte. Les mots anglais sont drôles. Et l'humour ne passe plus dès que cette langue majoritaire devient autre. L'anglais, devenu majoritaire, réduit la prononciation française à une curiosité, le français et celui qui le parle au statut de curiosité, alors que c'est le mot anglais lui-même qui à l'origine se singularisait. De plus, cette solution d'une graphie anglaise (si logique à bien des égards), aurait toutes les connotations négatives des « transcriptions » amusantes et paternalistes de William Henry Drummond, pour qui le Québécois est, en effet, curiosité.

Et puis, cet accent français, est-il vraiment dans le texte ? Toute réflexion faite, je crois bien que non, et qu'il s'agit d'un phénomène plus visuel qu'auditif. Seul ferait exception le mot *mizeule*, prononcé par la Belge exaspérée de « Retour au Kentucky ». Dans tous les autres cas il est moins question pour Ferron de rendre une prononciation que de transformer une graphie, afin d'assimiler à la surface écrite du texte des mots qui, autrement, s'en détacheraient *visuellement*. La graphie, avons-nous dit, n'a rien chez Ferron de la partition de musique. Que cette graphie corresponde à une légère transformation des sons de l'anglais, on n'en doute pas, la qualité des sons d'une langue ne pouvant que très rarement se transmettre au moyen de la graphie d'une langue étrangère (et c'est à se demander même parfois jusqu'à quel point l'alphabet phonétique lui-même peut assurer une interprétation fidèle). Quoi que Ferron entende vraiment (et il se peut qu'il y ait déjà, avant l'invention de la graphie, transformation, distorsion par l'oreille et les facultés auditives du francophone qu'il est), je ne pense pas que ce soit sur cette écoute qu'il veuille attirer l'attention. Et la différence serait dans la plupart des cas négligeable (*cuiquelounche*, par exemple — surtout si on accorde aux voyelles une valeur plutôt ouverte, plus québécoise que française), trop légère en tout cas pour être à son tour signalée par une graphie anglaise.

Je note pourtant en passant un phénomène amusant de coïncidence phonétique interlinguale. Il m'est arrivé, à partir de la graphie ferronienne de *Lorde Djisusse* de reconstituer un accent irlandais avec plus de brio et d'exactitude que je n'aurais pu le faire à partir d'une graphie anglaise quelconque. (C'est vérifiable ! Mais il faut faire attention de donner aux consonnes et aux voyelles — surtout à celles-ci — leur pleine valeur québécoise. Avec le *i* et le *u* du français standard il n'est pas question que cela marche !) Mais nous sommes là bien loin des intentions de Ferron.

Phénomène visuel donc. Et j'aimerais citer ici l'exemple de *Nouillorque* [10], que je n'ai pas eu à traduire, mais qui illustre parfaitement cette idée de la prédominance du visuel. La graphie n'a manifestement pas ici la fonction de traduire un écart de prononciation, mais plutôt de rendre visible la si suggestive « nouille », signalant ainsi à l'œil une effronterie. Phénomène visuel toujours, et intellectuel parfois aussi. Le *s* de *ouonnedeurfoules*, par exemple, n'est pas audible, mais le fait d'une morphologie visible et purement française. Mais qu'il puisse être question en même temps d'écoute nous est révélé par l'étrange *ouèredéare*, seul cas où la distorsion

10. *La Charrette*, roman (Montréal, Éd. HMH, 1968), p. 182.

soit considérable et nettement audible. Mais ici il s'agit moins d'une transformation phonétique (le *th* anglais est changé en *d*, il est vrai, mais la graphie française saurait-elle rendre autrement ce son ?) que d'une dislocation syntaxique. Ici Ferron transcrit la langue anglaise exactement comme si elle était parlée (et mal parlée) par un francophone. Chose curieuse, il s'agit d'une phrase de dialogue, et c'est un Anglais (Ulysse) qui la dit. Nous sommes donc en présence d'un phénomène d'écoute des plus complexes. Transférer à l'Anglais les fautes du Français — quel dérangement ! Il s'agit d'un des moments les plus malicieux de tout le texte des *Contes*. À moins que cela ne soit involontaire, Ferron lui-même ayant mal « entendu » l'anglais. Quoi qu'il en soit, c'est le seul cas que j'aie pu noter où le phénomène d'écoute (réelle ou fautive) ait été à ce point privilégié. J'ai tenu absolument à le signaler.

Considérer la question de la prononciation m'aura permis de cerner de plus près que je n'ai pu le faire jusqu'ici le problème posé par la graphie française de Ferron. La discussion m'aura même amenée à m'interroger sur l'exactitude, dans le contexte de son œuvre, du terme « transcription ». L'auditif et le visuel sont inséparables, je le sais, dans toute instance de graphie. Mais dans la mesure où il y a valorisation du visuel et diminution nette de l'importance du phénomène d'écoute, je me demande, malgré ce que j'ai pu affirmer plus haut, si le terme est vraiment approprié. Faudrait-il parler plutôt d'une transposition graphique ? Et cette question, même si elle reste sans réponse, aura servi à mettre encore une fois en relief une différence fondamentale entre l'entreprise de Ferron et celle des écrivains du joual, chez qui c'est l'écoute, sans conteste, qui préside, qui provoque et règle la graphie. J'irais même plus loin. Je dirais que chez Ferron, à cause de cette dévalorisation de l'audible, il s'agit moins d'un fait de langue que d'un fait d'écriture, que la transformation qui a lieu est moins le fait d'un personnage ou d'un narrateur que d'un auteur, qui se lie avec un lecteur, entre en connivence avec lui. Voilà donc, pour le traducteur, une deuxième solution doublement rejetée.

La seule solution qui reste, c'est de laisser les mots tels quels, ceux du moins qui constituent de véritables trouvailles ou dont l'humour me paraît particulièrement fort. L'inconvénient de cette solution, c'est, évidemment, de mettre le lecteur anglais en confrontation avec un système français qui ne lui est peut-être pas familier. Et je ressens un véritable « tiraillement », qui provient de la double responsabilité du traducteur vis-à-vis de l'auteur d'une part et de son lecteur (et sa langue) d'autre part. Le traducteur, responsable envers son lecteur, doit être constamment en éveil, doit prévoir les réactions de celui-ci, vivre non seulement l'énonciation mais la réception aussi. Son lecteur étant plus explicite que celui de l'écrivain, le traducteur devra se mesurer constamment à lui, s'assurer que tel ou tel écart du texte ne constitue pas une entrave ou un obstacle à la réception. Le traducteur devra essayer de se défaire de tout ce qui le sépare de son lecteur.

Or, dans mon cas, mon lecteur, je le savais plus ou moins unilingue. Plus ou moins, c'est-à-dire unilingue, mais à plusieurs degrés : ne sachant rien, sachant un peu, ou parfois beaucoup du système phonétique et graphique français. Pour celui qui en sait peu ou rien, cette solution pouvait poser un sérieux problème. Un mot comme *brecquefeste* serait, je crois, accessible. Mais dans d'autres cas (*cuiquelounche*, peut-être, ou *ouonnedeurfoules*) le mot anglais pouvait disparaître de vue, devenir totalement indéchiffrable et donc invisible aux yeux du lecteur. La victoire alors serait grande. Il s'agirait toujours d'une victoire du français sur l'anglais. Le traducteur pousserait tout simplement un peu plus loin les intentions de Ferron. Le résultat n'irait pas à l'encontre de la motivation originelle. Mais il n'est pas bon qu'un texte comporte trop de taches opaques. L'énervement provoqué par un mot indéchiffrable nuit à l'unité du texte, déconcerte, détourne l'attention. Et puis, si la victoire n'est pas perçue consciemment, en est-elle vraiment une ?

Mon lecteur pouvait être également, je le savais, celui qui fonctionne dans les deux systèmes (à plusieurs degrés, évidemment, allant du parfait bilingue à l'étudiant de français) et pour qui « switcher » en pleine lecture ne poserait pas de problème. Combinant sa connaissance des deux systèmes, ce lecteur-là saisirait d'emblée la transformation opérée par Ferron. L'humour lui serait parfaitement accessible, resterait intact. Et j'aurais transmis la victoire.

Si je n'avais qu'à tenir compte de ce lecteur privilégié, je n'aurais pas de problème. Mais j'aurais tort de ne considérer que lui. Il me ressemblerait. Je dois à celui qui n'a aucune connaissance du français de le considérer, de l'aider, de tenir compte de ses capacités. C'est ma considération pour ce lecteur-là, mon respect pour lui, ma responsabilité vis-à-vis de lui, qui me fait hésiter et qui provoque ce débat. Je lui dois de me mettre à sa place et de voir et d'entendre avec lui. Et c'est alors que je comprends la nécessité, pour les mots les plus « illisibles » que je garde, d'un signe, d'un indice quelconque. D'où la note en bas de page dans le cas de *ouonnedeurfoules*, *cuiquelounche*, *ouèredéare*.

Et pourtant, dans certains cas, malgré la possibilité d'expliquer par une note ce processus, j'hésite encore. Certains mots me paraissent plus difficiles, leur insertion dans le texte plus problématique. De ceux-là je finirai par écarter quelques-uns, me contentant de signaler le phénomène dans une note. C'est ainsi, en dehors du texte lui-même, que le lecteur prendra conscience de *néveur-*

magne ou de *ouiquène*. Mais la note en bas de page constitue elle-même une interruption. Le rythme et l'allure du conte devraient être maintenus autant que possible. Le mot me semble parfois trop opaque ou l'humour et l'effet pas suffisamment forts pour justifier cette interruption. *Bines, bosse, bite, clergimane, ranche, Stétes, huré* sont alors parmi ceux que j'élimine tout simplement, la perte se justifiant par une facilité, un plaisir de lire accrus, par une homogénéité plus évidente du texte. Déjà le texte de Ferron constitue un lieu de surprise et d'étonnement, où le lecteur anglais, malgré son enchantement, avance parfois difficilement, risquant à tout moment d'être déconcerté et d'abandonner la partie. Ajouter à son désarroi n'est pas souhaitable. Mon devoir est de le garder, malgré son dépaysement.

Il n'y a donc pas une solution, mais une série de compromis, toujours plus ou moins justifiables. Le texte perd énormément, mais je sauve également beaucoup. Je crois même avoir « réchappé » un peu dans le cas de deux mots dont on peut croire à première vue qu'ils ont disparu complètement. Il s'agit de *Farouest* et de *touristeroume*. J'élimine la graphie, mais je retiens, dans le cas de *Farouest* (devenu *Farwest*), la réduction en un seul mot, qui me paraît déjà assez drôle, et je sauve, dans le cas de *touristeroume*, devenu en français un nom singulier désignant non pas la chambre mais la « maison » elle-même, une petite pointe d'humour par l'emploi des majuscules titulaires un peu euphémiques (*the Tourist Rooms*) pour l'établissement, et par les guillemets allusifs (*one of the « tourist rooms »*) pour la chambre seule (*une chambre de la touristeroume*, en français).

Le choix d'une solution peut paraître parfois arbitraire, et les traductions ayant été faites à différentes époques, certaines considérations pesant plus lourd à certains moments qu'à d'autres, l'unité et l'uniformité entre textes ne sont pas toujours atteintes. J'en suis même venue à regretter certaines décisions. La solution que je favoriserais maintenant, ce serait de signaler la quasi-totalité de ces mots, me contentant, dans certains cas, d'une note explicative.

Mais les éditeurs, à ces différentes époques, ont eu aussi leur mot à dire. En réalité j'ai eu à « négocier » l'inclusion de chacun des mots retenus, l'éditeur protestant de leur trop grande fréquence dans le texte. Le texte final est le résultat d'un raisonnement personnel, qu'il n'est pas toujours facile de reconstituer (*ouiquène* m'a probablement semblé plus opaque, moins original en tout cas que *cuiquelounche* ; tout aussi opaque que *ouiquène*, *ouonnedeurfoules* m'a sans doute paru suffisamment original et drôle pour plaire ; *néveurmagne* est très plaisant, mais je savais que Ferron ne l'avait pas inventé, etc., etc.), et ce raisonnement tenait certainement compte des préférences d'un éditeur.

Tout cela (le passage du temps, l'influence d'un éditeur) peut paraître très loin des considérations plus pures auxquelles s'adonne le traducteur, et même, du point de vue de la théorie, un tant soit peu arbitraire. Mais le contexte pratique dans lequel se réalise la traduction est important, lui aussi. Et dans la mesure où les éditeurs, préoccupés par les réalités du marché et des lois de la vente, se font les avocats du lecteur moyen, rappelant au traducteur les points faibles, les préjugés, les préférences, bref les capacités de celui-ci, leur rôle est de seconder le traducteur dans son devoir. Dans la mesure où ce lecteur doit toujours être explicite, il est bon que son point de vue soit rappelé par un tiers.

Dans un article paru en 1985 dans *The University of Toronto Quarterly*, Kathy Mezei me reproche de n'avoir pas tenu compte de la graphie ferronienne dans ma traduction de « La vache morte du canyon », texte qui est *« even more inundated with anglicisms than Ferron's other stories. » « The use of these anglicisms is not indicated in the*

English version, écrit-elle, *and consequently an important symbolic contribution to the theme of dispossession is dissipated* [11]. » Je suis d'accord avec Mezei. Tous ces mots sont importants, et je regrette leur disparition autant qu'elle. Mais si les décisions qu'elle déplore sont en grande partie éditoriales, elles se laissent, je crois, défendre. Pour des raisons que j'ai déjà évoquées, je ne crois toujours pas que *Lorde Djisusse* soit « montrable » en anglais, ni *Biouti Rose*, ni *Tchiffe* (Mezei elle-même est obligée de mettre la « traduction » anglaise de ces derniers entre parenthèses par égard pour le lecteur de son article). Une note cependant aurait été possible. Quant à *clergimane*, *bisenesse*, *ranche* et *huré*, ils ne me semblent pas assez intéressants pour être signalés dans le texte même, mais une note aurait pu se justifier. J'ai déjà parlé de *touristeroume* et de *Farouest*, dont il reste tout de même quelque chose.

Mais si j'évoque la critique de Mezei, ce n'est pas pour défendre mes solutions. Son insatisfaction fait écho à la mienne. C'est plutôt pour justifier l'importance que j'ai moi-même accordée à ces mots. Et si j'ai tant parlé des mots, ce n'est pas non plus pour attirer l'attention sur des solutions, mais plutôt pour montrer combien un petit problème comme celui-ci (quelques mots à peine dans un texte de trente-sept contes et deux cent quarante-cinq pages) peut soulever de réflexions passionnantes, et à quel point celles-ci sont liées à d'autres aspects d'une lecture globale du texte. Voici le cas d'une traduction-lecture qui aura révélé des nuances des plus significatives, que l'écriture, elle, n'aura pas su rendre, le cas donc d'une traduction-écriture particulièrement à court de moyens et d'initiatives.

---

11. Kathy Mezei, « Translations », *The University of Toronto Quarterly*, vol. LIV, n° 4, été 1985, numéro intitulé *Letters in Canada 1984*, p. 389-399.

La fréquentation de ces quelques mots m'aura également amenée à prendre conscience d'un aspect fondamental de la traduction : sa trahison. La traduction — je l'ai compris par ces mots — crée une interférence au niveau de la narration, bouleverse une convention narrative. Tout récit original, dans la mesure où il constitue un réseau de communication et implique une communauté linguistique interne, crée une unité et des liens d'intimité et de complicité entre auteur et lecteur, narrateur et narrataire. La présence, en traduction, d'une langue étrangère est, à ce point de vue là, une aberration. Le traducteur est un intrus. Il intercepte. Sa langue est, logiquement, de trop. Mais il existe, heureusement, une convention de la traduction qui fait que cette aberration ne gêne pas outre mesure. Il y a une espèce de « *willing suspension of disbelief* » qui s'établit et qui fait, ou bien qu'on a l'illusion de lire, dans une traduction anglaise par exemple, du français, du russe, de l'allemand, ou bien qu'on « oublie » momentanément que les Français, les Russes, les Allemands ne parlent pas anglais. Heureusement. Mais la trahison a lieu tout de même. Et il existe des textes qui se laissent moins facilement faire, et qui, au lieu de faire oublier la trahison, la rendent explicite.

C'est l'illusion « qui parle à qui » que brise la traduction. Dans le texte original des *Contes* de Ferron, il semble que tout se passe entre Québécois, ou du moins entre francophones, et c'est, paradoxalement, la présence des mots de l'autre, des mots anglais, qui, en renforçant la présence d'un auteur et en explicitant son identité linguistique, souligne une connivence et consolide la complicité française du texte. Et ce sont ces mêmes mots qui rappellent à la langue anglaise de la traduction sa supercherie.

Le traducteur ne saurait éliminer toute trace de cette identification française (le « je » et le « nous » de Ferron sont parfois explicitement québécois aussi), mais il peut essayer de la diminuer, pour ne pas attirer l'attention sur l'interférence qu'il crée. C'est à cela finalement que correspondrait la tentation d'effacer complètement la graphie française. Le texte anglais gagnerait en unité, en homogénéité, maintiendrait plus facilement la fiction de son authenticité. Moi-même, en préservant — ne serait-ce qu'une dizaine de fois dans tout le texte — l'empreinte de l'auteur français, je rappelle sa présence (les mots anglais francisés n'ont aucun sens sans lui) et par là même fais chavirer toute illusion d'unicité que ma narration a pu par ailleurs créer.

Quelque chose est alors brisé. Et je ne peux m'empêcher de penser à « l'anti-illusionnisme » dont parlent certains théoriciens de la traduction [12]. Je ne peux m'empêcher de penser à Brecht surtout, qui, dans un tout autre domaine, celui du théâtre et de l'art dramatique, a élaboré une théorie de la « citation [13] », théorie des deux voix en une, qui me semble tenir compte mieux que n'importe quelle autre de l'énonciation nullement simple que je fais. L'énonciation de l'original est « simple », en ce sens qu'elle implique une unicité, une univocité. La mienne, qui est ré-énonciation, et donc intériorisation de la première, ne peut être que complexe. Mais dans la mesure où elle préserve des vestiges matériels de l'autre, elle opte pour l'anti-illusion, annonce tout haut ce qu'elle est.

Je ne préconise pas pour autant une approche « anti-illusionniste » de la traduction, ni même une traduction-citation. Cela m'a tout simplement paru — pour des raisons qui seront maintenant évidentes — la seule option valable dans le cas des *Contes*. Pour *Les Roses sauvages*, le problème ne s'est pas posé. Je ne me souviens

---

12. Voir Jiri Levy, *Die literarische Übersetzung : Theorie einer Kunst-gattung* (Francfort-sur-le-Main / Bonn, Éd. Athenaum, 1969), p. 32. Je dois cette référence à Blodgett, « How Do you Say " Gabrielle Roy " ? ».
13. Bertolt Brecht, « Neue Technik der Schauspielkunst etwa 1935 bis 1941 », *Gesammelte Werke*, vol. XV, *Schriften zum Theater I* (Francfort-sur-le-Main, Suhrkamp Verlag, 1963), p. 344.

AUGUSTANA UNIVERSITY COLLEGE
LIBRARY

pas en tout cas d'en avoir été à ce point consciente. Les mots anglais ne m'ont pas préoccupée [14]. Mais c'est lors de la traduction de ce roman qu'un tout autre phénomène s'est manifesté.

Le texte français des *Roses sauvages* paraît à première vue un texte plus simple que celui des *Contes*. La voix qui s'y fait entendre est infiniment plus discrète. Il n'y a pas d'auteur qui identifie ses origines et attire l'attention sur lui (et l'humour, qui, dans les *Contes*, était souvent lié à la présence de cet auteur, se fait, dans le roman, discret et moins sensible, lui aussi). Dans une interview accordée en 1972, Ferron lui-même affirme que *Les Roses sauvages* marquent un tournant dans son œuvre, qu'il a le sentiment d'avoir réussi pour la première fois un récit où l'auteur n'intervient pas et garde ses distances [15]. Un texte simple donc, et simplifiant en un sens la tâche du traducteur, car lui permettant de créer plus facilement l'illusion de l'unicité de son texte à lui. Évidemment la supercherie a lieu, ici comme ailleurs. Mais, en l'absence (toute relative, il est vrai) de l'auteur intervenant, elle n'est pas explicitée. La convention de la traduction n'est guère menacée.

Mais les choses sont loin d'être aussi simples. Le texte de ce roman recèle, je crois, une ambiguïté, et donc une complexité inattendue. Déjà, avant la traduction, ce texte m'a paru tout empreint d'« Englishness ». La tâche du traducteur a été d'autant plus passionnante qu'une

---

14. La section du livre où il est question de Moncton contient, il est vrai, des mots anglais transposés. (Je ne parle pas des passages — citations fantaisistes ou autres — qui sont censés être carrément en anglais.) De *mappe*, *Bici*, *station waguine*, les deux derniers sont des « transpositions » pleines d'humour et de malice, qui méritaient, je l'admets, d'être signalées.

15. Dans Hélène Beauchamp-Rank, « Témoignages sur le théâtre québécois », *Archives des Lettres canadiennes*, t. V, *Le Théâtre canadien-français : évolution, témoignages, bibliographie*, s. la dir. de Paul Wyczynski, Bernard Julien et Hélène Beauchamp-Rank (Montréal, Éd. Fides, 1976), p. 769.

voix anglaise latente semblait s'y exprimer. Cette voix était anglaise, sans parler anglais. Elle parlait français, mais exprimait une attraction, des affinités, la nostalgie d'un ton, d'un style, d'une atmosphère, que, faute d'un meilleur terme, j'ai dû qualifier d'anglais :

Indeed, in Wild Roses *Ferron has shed so much he risks disconcerting his reader. He has done so in order to explore to the full a fascination, a temptation, one side of his nature perhaps, one element in his Canada. Call it what we will, Victorianness, Englishness, puritan innocence, the result is a narrative voice unheard in his work before* Wild Roses, *and unrepeated since.*

This voice, for all its Englishness, speaks French. To translate it into English has, ironically, not always been an easy task[16].

Tâche pas facile du tout, mais fascinante. Et, chose étrange, la traduction, au lieu de créer une interférence, simplifie, élimine une ambiguïté. La voix anglaise parlant anglais, au lieu de paraître une supercherie, semble ici se justifier. Comme si la traduction, au lieu de l'imposer, lui avait permis de se réaliser.

Cette illusion d'une voix anglaise dans un texte français est liée, je crois, à la présence dans ce roman d'un personnage de langue anglaise. Après les *mots* de l'autre, les *personnages* anglais... Et ceux-ci nous mènent au cœur même de l'œuvre de Ferron.

---

16. Betty Bednarski, « Afterword », *Wild Roses : A Story Followed by a Love Letter* (Toronto, McClelland & Stewart, 1976), p. 123.

LES PERSONNAGES

La présence de personnages anglais ne surprend pas dans le contexte d'une œuvre littéraire québécoise, pas plus que n'y surprennent les mots empruntés à la langue anglaise. De même, quelle que soit leur fonction, les personnages, comme les mots, ne peuvent pas ne pas évoquer une menace, et ils acquièrent infailliblement, de par leur contexte, une très évidente signification politique. C'est le cas chez Hubert Aquin, par exemple, ou chez Jacques Godbout. Chez Ferron lui-même ils se font particulièrement remarquer. Britanniques de fait ou par association, Canadiens anglais de diverses régions et de diverses origines, ils se fondent (sans se confondre) grâce à une appellation générale qui recouvre tout, sauf peut-être l'Américain et l'Irlandais (ce dernier, d'ailleurs, a tendance à se définir par opposition à l'Anglais), et forment ainsi cette catégorie *supra*nationale si commode, que l'œuvre exige. Tour à tour drôles et menaçants, admirables et détestables, ils sont dispersés à travers l'œuvre, surtout visibles dans *Les Grands Soleils* et *La Tête du Roi*, dans les *Contes* (en 1964 un titre de recueil, *Contes anglais et autres*, oriente le regard du lecteur et assure leur visibilité), dans *La Nuit* et *Les Confitures de coings*, dans *La Charrette, Le Ciel de Québec, Le Salut de l'Irlande, Les Roses sauvages* et *L'Amélanchier*. Et je ne connais pas, dans toute la littérature québécoise, d'œuvre où ils soient aussi présents, aussi nécessaires, ni si hautement significatifs. Je ne procéderai pas ici à une classification des Anglais (Ontarien, Anglais du Québec ou des Maritimes, Anglais d'Angleterre, Écossais), fidèle en cela à l'optique de Ferron, qui, malgré les nuances, tend à privilégier des similarités. Je ne ferai pas non plus le relevé systématique de leurs attributs. Ils nous intéresseront à cause de leur fonction et non pas en tant qu'images ou portraits.

Ils m'étaient déjà familiers, ces personnages, au moment où j'abordais le problème de la « traduction » des mots, et c'est consciemment que je faisais le lien entre les deux phénomènes. Les personnages, comme les mots, étaient souvent générateurs d'humour. Ils étaient souvent transformés et comme appropriés, eux aussi. Les mots anglais subissaient l'assaut de la graphie française. Comment ne pas penser en l'occurrence au grand Frank-Anacharcis Scot du *Ciel de Québec*, subissant l'assaut de la monumentale putain de la rue Saint-Vallier, comme pré-condition à son enquébecquoisement ? N'était-ce pas le même sort qui lui était réservé ? N'y avait-il pas là une même espiègle vengeance, une même action exercée par rapport à une réalité étrangère et menaçante ? C'est le principe d'une telle *action* — comique parfois, toujours rituelle, infiniment sérieuse malgré tout — et, au-delà d'elle, celui d'une *interaction*, qui aujourd'hui me préoccupe et me fascine.

Un mot d'abord de ce qui précède et provoque l'action québécoise. Dans l'œuvre de Ferron il y a, à l'origine, une première action, anglaise, que le texte explicite parfois, ou parfois prend tout simplement pour acquise. Cette action en appelle une autre et demande vengeance. Elle est d'abord historique. Un des personnages anglais les plus sympathiques de l'œuvre, Monsieur Northrop, « gentleman » rose et frisotté, ex-lapin qui hante le Pays des merveilles de *L'Amélanchier*, résume par sa montre-boussole et sa si utile science de la géographie, tout un destin de voyageur-conquérant. Loin de son île, mais imbu de sa certitude de ne jamais s'égarer, malheureux quand même (et en cela très anglais), il surveille les arbres du bois magique en attendant d'en tirer les mâts qui lui permettront peut-être de refaire la grande traversée. Par ce portrait, discrètement, et sans qu'il y ait eu la moindre méchanceté, l'action historique est évoquée et un souhait plus ou moins conscient se trouve être formulé : le voir enfin partir. Et ne rappellerait-il pas aussi, par son ambition forestière (« Mais il y en aura pour toute une flotte, ah oui[1] ! »), l'étranger de Menaud et son exploitation agressive ?

Mais Monsieur Northrop reste aimable, et très touchant aussi. La blessure de la lointaine Conquête est grave, sans doute (plusieurs, comme Louis Hémon ou Félix-Antoine Savard, ou comme Jean Bouthillette, l'ont déjà affirmé), mais pour Ferron c'est plutôt à partir du XIXe siècle, et surtout de l'ère d'Ottawa, que l'Anglais s'est constitué activement comme adversaire. C'est ainsi que, dans d'autres textes, l'action première anglaise se fera plus proche et en même temps plus provocante. L'Anglais le plus troublant de l'œuvre, le si persistant Frank, paraîtra comme un usurpateur, le narrateur québécois de *La Nuit* et des *Confitures de coings* ayant perdu son âme, littéralement mise en poche par

---

1. *L'Amélanchier*, récit (Montréal, Éd. du Jour, 1970), p. 92.

l'Anglais. Celui-ci sera perçu comme franchement maléfique, « l'*artisan* habile et le *témoin* malicieux de mon reniement [2] ». L'action originelle est déjà double ici. D'une part, politico-juridique, prolongement d'une action historique (celle de 1867 surtout), elle vise la subordination du Québécois. D'autre part, regard actif, elle lui impose une image dégradante de lui-même. Et de façon générale, toute action vengeresse québécoise tentée par le texte de Ferron, toute assimilation ou appropriation opérée par lui, que ce soit au niveau de la fable ou à celui de la perspective narrative, aura implicitement pour but de renverser cette première action, de répondre à l'une ou à l'autre de ces deux agressions anglaises.

Dans le cas de *L'Amélanchier*, l'action québécoise est toute dans le portrait comique, remarquable distillation de traits. Mais il ne faut pas oublier que c'est, au-delà de la caricature, à la lumière de Lewis Carroll, que Ferron est allé chercher sa « vérité ». La transformation de l'Anglais en lapin, opérée par le regard québécois, se trouve ici provoquée et comme légitimée par la lecture d'un texte littéraire anglais. Exemple d'appropriation s'il en fut — véritable détournement de texte — un lapin volé à la littérature anglaise transformera notre vision de l'Anglais ! Et ce détournement se fait moins contre l'Anglais lui-même, qu'au profit d'un projet québécois. *L'Amélanchier* est un conte des origines et Monsieur Northrop est un point de repère grâce auquel l'Alice-Tinamer de Ferron trouvera à s'orienter dans la vie. (La jeune fille héritera même de la montre-boussole de son ami.) Il y a eu action, mais l'Anglais, ainsi intégré, n'est guère violenté.

Dans les *Contes* eux-mêmes (et c'est par eux que j'avais commencé), tout était relativement simple. Il s'agissait d'une victoire du regard, d'une vengeance

---

2. *La Nuit* (Montréal, Éd. Parti pris, 1965), p. 60. — C'est moi qui souligne.

surtout narrative. Vus de haut par un Québécois implicite, ironique mais indulgent, qui gardait toute l'autorité
pour lui, les Anglais étaient réduits à un ou deux traits
saillants ou à quelque bizarrerie. C'étaient des personnages souvent caricaturaux, gentiment soumis à cette
optique québécoise et ainsi dominés. Grâce à l'humour une
menace était momentanément niée. C'est à peine si le
narrateur du « Pont »[3] (un des rares contes où l'humour
est presque totalement absent), évoque en passant un sentiment d'infériorité collectif, laissant percer son admiration pour une Anglaise énigmatique et lui accordant, à
elle et à sa charrette, le prestige d'une association
surnaturelle : « Si je la revois, une nuit, sur le pont
désert, je penserai que je viens d'avoir un accident. » Mais
dans ce petit conte, qui énonce pour la première fois le
motif central du roman *La Charrette*, une attitude
complexe se fait déjà sentir, qui caractérisera la plupart
des textes plus longs — romans et pièces — de Ferron.

Comme le procureur nationaliste de *La Tête du Roi*,
qui a deux fils, l'un anglophile, l'autre anglophobe, pour
incarner ses propres sentiments contradictoires, le texte
de Ferron paraît lui-même ambivalent. Et aucun personnage de l'œuvre ne résume mieux cette ambivalence que le
célèbre Frank (Frank Archibald Campbell de *La Nuit* et
des *Confitures de coings*, de *La Charrette* aussi, devenu plus
tard le Frank-Anacharcis Scot du *Ciel de Québec*).
L'ambivalence est celle, d'abord, que l'on peut ressentir à
l'égard d'une autorité. À la fois détestable et admirable,
« haut comme une tour », Frank a, il est vrai, beaucoup
d'un père, et en le congédiant dans son « Appendice aux
Confitures de coings », Ferron annoncera : « (Q)u'il sache

---

3. *Contes*, éd. intégrale (Montréal, Éd. HMH, 1968), p. 48-50. Il y a
une seule pointe d'humour, et encore est-ce « au dépens » de l'Anglais :
« On francise comme on peut, par le bas surtout, alors qu'on anglicise
par le haut. »

que mon père ne tolère personne au dessus de sa tête[4] », le mettant ainsi en opposition avec le père réel. C'est également l'ambivalence — infiniment plus douloureuse, celle-ci — qu'un être peut sentir vis-à-vis de lui-même. Dans *La Nuit* et *Les Confitures de coings* Frank et le narrateur québécois portent, en effet, deux versions d'un même nom. Nés dans une même ville, ils se ressemblent étrangement, tout en restant différents. L'Anglais ici s'avère un double, un *alter ego*, un autre moi. C'est pourquoi il devient indispensable de se mesurer à lui. Il n'est de libération, ni de rédemption, qui ne tienne compte de lui. Et si, pour vivre, le narrateur de *La Nuit* (et des *Confitures de coings)* se verra dans l'obligation de le faire mourir, cet autre, le narrateur de *La Charrette* ne pourra pas lui-même mourir sans se référer à lui. L'avoir empoisonné s'avère en l'occurrence une douteuse libération. On n'est pas quitte pour si peu envers soi-même.

Comment ne pas penser ici au dédoublement de la conscience québécoise que Jean Bouthillette érige, dans *Le Canadien français et son double*, en véritable système ? La formulation de l'essayiste, qui date de 1972, se trouve être en quelque sorte préfigurée par la fiction[5]. Cette fiction

---

4. *Les Confitures de coings et autres textes* (Montréal, Éd. Parti pris, 1977), p. 148.

5. Jean Bouthillette, *Le Canadien français et son double*, essai (Montréal, Éd. de l'Hexagone, 1972, 101 p.). Bouthillette ne fait pas allusion à Ferron. S'il y a influence, il la tait. Les seuls auteurs qu'il cite sont André Laurendeau, Jean Lemoyne et Gaston Miron. Quoi qu'il en soit, certaines formulations de Bouthillette résument parfaitement la situation de François vis-à-vis de Frank (voir surtout Bouthillette, p. 43-50). Car Frank est moins un Anglais réel qu'un Anglais intériorisé. S'en débarrasser, c'est se débarrasser, selon les termes de Bouthillette, d'une image faussée de soi. S'il n'est pas permis d'affirmer que Bouthillette ait lu Ferron, Ferron, lui, a certainement connu Bouthillette. Sa critique du *Canadien français et son double* (« Le Butler de M. Bouthillette », *Du fond de mon arrière cuisine*, p. 103-106) est véhémente. Mais elle constitue moins un rejet de la thèse de Bouthillette qu'une réaffirmation de l'empoisonnement-refus de l'Anglais intériorisé : « Je refuse catégoriquement de me l'incorporer et d'en faire mon directeur de conscience pour la bonne raison que je me sens plus guiable que lui et surtout, surtout, parce

est chez Ferron foncièrement active, reconnaissant une condition, mais refusant de s'y complaire ou de simplement la figurer ou l'illustrer, prenant un mal comme point de départ et — puisque faire table rase est inconcevable — construisant *contre* lui, mettant tout à profit. L'œuvre me paraît en ceci un anti-syndrome, un anti-rabaissement, véritable entreprise de reconquête de soi.

Mais revenons à l'assimilation-appropriation de l'Anglais par le Québécois, puisque c'est à elle, et ainsi à l'intégration de l'autre et non pas à sa disparition, que l'œuvre tendra, malgré un meurtre (d'abord ambigu) et un souhait à peine énoncé. Cette appropriation est faite pour Elizabeth Smith, « petite Anglaise enquébecquoisée » des *Grands Soleils,* avant le commencement de la pièce. Peu avant la fin du premier acte le personnage pourra s'écrier avec véhémence : « Je ne suis pas anglaise ! N'est-ce pas, Sauvageau, que je ne suis pas anglaise[6] ?» Si elle demande à être rassurée, c'est qu'un doute quand même persiste et qu'elle craint d'avoir gardé quelque chose de ses origines. Mais l'identification se veut déjà totale. Pour l'autre qu'est Frank Archibald Campbell, le processus sera long et pénible et n'aura rien d'une conversion ou d'un acheminement simple. Il s'agira d'abord, au-delà de l'imposition somme toute assez factice d'un

---

qu'il n'est pas mangeable. » En ridiculisant l'Anglais et en parlant du livre de Bouthillette avec un certain mépris, Ferron semble vouloir en finir une fois pour toutes avec le sujet. N'oublions pas que *Le Canadien français et son double* paraît la même année que « Le Congédiement de Frank Archibald Campbell », qui constitue le rejet définitif.

6. *Les Grands Soleils*, 2ᵉ version, dans *Théâtre I* (Montréal, Déom, 1968), p. 42. Il est intéressant de noter que dans la 1ʳᵉ version de la pièce, (Montréal, Éd. d'Orphée, 1958), Elizabeth demande en plus au curé : « Mes parents étaient irlandais, n'est-ce pas ? » et plus loin, « Ils n'étaient pas anglais ? » En éliminant cette référence à l'Irlande dans la version de 1967 (publiée en 1968), Ferron choisit de rendre encore plus vagues les origines d'Elizabeth et ne précise pas la possibilité d'une identité qui, dans son univers, prédispose tout naturellement à l'enquébecquoisement patriotique (voir *Le Salut de l'Irlande*). La deuxième Elizabeth aurait ainsi, à mon avis, une portée plus largement « anglaise ».

prénom et d'un lieu de naissance partagés, de lui attribuer une certaine nostalgie. Nostalgie-regret dans *La Nuit* et *Les Confitures de coings* (« Adieu. J'ai vécu du mauvais côté du mur. Je demande pitié [7]. »), nostalgie devenue ambition dans *La Charrette* (« Je suis de nationalité québécoise [8] »), et qui, pour Frank-Anacharcis Scot, sera assouvie enfin dans les circonstances peu dignes que l'on sait. Ainsi possédé, approprié, Frank, devenu François (les deux ne formant déjà qu'un seul — belle conciliation), n'en gardera pas moins sa dignité (la cérémonie du bordel sera même empreinte d'une étrange poésie), et à la fin du *Ciel de Québec*, Ferron lui accordera l'ultime honneur, celui de la narration (en français, bien sûr) des derniers événements du récit.

Car il arrive que l'Anglais, ayant subi une action, devienne, par un renversement des rapports, lui-même actif. Soumis, le temps que dure l'enquébecquoisement, à une autorité québécoise, il soumettra à son tour la réalité québécoise à la sienne. L'idéal pour Ferron semble être alors une collaboration de type politique, et il tentera à plusieurs reprises, d'associer l'Anglais à la lutte nationaliste. Dans le cas d'un fils d'Irlandais, l'association se fera facilement (le Connie Haffigan du *Salut de l'Irlande* deviendra Effelquois). Mais dans d'autres cas elle sera plus problématique.

L'Elizabeth Smith des *Grands Soleils*, héroïne au patriotisme ardent, possède des convictions à enflammer les Québécois de 1837. Mais son influence n'est pas que bénéfique. Ne serait-elle pas responsable, un peu, par ses « flammèches », de la mort du Docteur Chénier, à Saint-Eustache, dans l'église brûlée ? Et cela malgré tout l'amour qu'elle lui prodigue ? Si le rôle positif joué par Elizabeth Smith garde quand même un aspect négatif, c'est qu'elle participe de la même ambiguïté que Frank

---

7. *La Nuit*, p. 130.
8. *La Charrette*, p. 89.

Archibald Campbell, ayant, elle aussi, quelque chose du double, avec un rien, presque imperceptible, de duplicité. (« J'étais folle, j'étais rousse, j'étais d'une autre nation, j'étais d'un autre sexe [9]. ») Elle nous paraît même, briè- vement, comme le « beau reflet de miroir » du Patriote Chénier [10]. Son identité, c'est à Chénier qu'elle la doit. Mais, lui renvoyant son image, elle agira à son tour sur lui : « Tes idées, je les ai prises comme des armes et re- tournées contre toi qui ne m'avais rien fait, oh ! presque rien [11] ! » La beauté des idées et leur force destructrice, cette ambiguïté et cette contradiction, Chénier les contenait donc déjà en lui.

La métaphore du miroir résume bien un certain type d'interaction entre Anglais et Québécois. Ce jeu de reflets, envoûtant par moments, aliénant enfin de part et d'autre, ne saurait qu'être désastreux. Elizabeth avoue avoir précipité Chénier à sa perte « pour mettre fin à un impossible attachement. » Attachement de l'Anglaise au Patriote, de la femme à l'homme, de la fille au père (car c'est le Québécois ici qui a « enfanté » l'Anglaise et qui acquiert la stature de Père), attachement du reflet au miroir devenu prison. Chénier mort, la glace « cassée », l'Elizabeth de l'avenir sera libérée [12]. Serait-ce elle fina- lement qui renaît, dans *La Tête du Roi*, sœur adoptive des Québécois, frères-ennemis ?

Quoi qu'il en soit, Elizabeth Smith agit au nom de sa patrie d'adoption. Dans le cas de Frank Archibald Campbell, cette association politique ne sera jamais que velléité. Mais Frank restera un collaborateur en puissance, et même en le congédiant, Ferron lui donne une dernière chance : « Frank peut devenir un des nôtres,

---

9. *Les Grands Soleils*, p. 86. Dans la version de 1958 cette ambiguïté d'Elizabeth, son action négative, ne sont pas explicitées. Voir à ce propos la notion de *recorrection* dont je parle plus loin, p. 76.

10. *Les Grands Soleils*, p. 86.

11. *Les Grands Soleils*, p. 86.

12. *Les Grands Soleils*, p. 104.

rien ne l'en empêche [13]. » Peu probable, cette action. Et si elle semble déjà exclue, une autre, non moins significative, se sera quand même imposée : Frank-Anacharcis Scot aura narré.

Il avait déjà, sous le nom de Frank Archibald Campbell, tenu un carnet de « flic » et manifesté quelque ambition d'écrivain. C'est d'ailleurs, dans *La Nuit*, la perception durhamesque de son petit Gotha, cernée et comme niée par la narration proprement dite, qui fournit l'ultime justification du récit. Promu maintenant au statut de narrateur (et c'est — rappelons-le — le plus haut privilège qu'un auteur puisse accorder à un personnage), fort de ses nouvelles allégeances, Frank / François racontera, interprétera, organisera et donc *assimilera* des éléments de la réalité québécoise. Il s'agit des événements qui suivent la naissance du Rédempteur du Québec, dans le village des Chiquettes. La narration implique ici sympathie et autorité. Car si elle participe d'une joie et d'une promesse de libération, elle les approuve et les autorise en quelque sorte aussi.

Frank est le seul exemple chez Ferron d'un Anglais promu narrateur. Elizabeth Smith avait, de manière fulgurante, contenu et condensé dans ses rêves de feu toute la réalité tragique de la bataille de Saint-Eustache. Sa « version » est une véritable « vision ». Ses prémonitions sont de virtuelles mises en récit. Mais d'authentique narration il n'y a que celle de Frank, et le dernier chapitre du *Ciel de Québec* constitue à cet égard un événement unique, un sommet et un aboutissement.

On sait le sort que Ferron réserve à ce personnage après les événements d'octobre 1970. Mais Frank banni de l'œuvre, l'Anglais n'en sera pas pour autant exclu, et sa présence continuera d'être active. Le successeur de Frank, Ann Higgit de Corner Brook, n'aura pas, il est vrai, le droit de narrer. Elle devra se contenter de lire. Ce person-

---

13. *Les Confitures de coings et autres textes*, p. 148.

nage des *Roses sauvages*, Anglaise par tant de qualités, est aussi cultivée, avec des connaissances littéraires considérables et, surtout, des intuitions et des habitudes de lectrice. Son action sera, elle aussi, une appropriation, en ce sens que lire est toujours s'approprier.

Lectrice d'œuvres et de vies, Ann Higgit interprète, en effet, mieux que quiconque, la réalité du Québécois, Baron, la circonscrit et la fait sienne. Mais il y a plus. Ce personnage entretient avec le narrateur du roman des liens subtils, qui font que celui-ci, parlant à la troisième personne en narrateur omniscient, s'exprime d'une voix qui n'est pas sans ressembler à la sienne :

> *It is in her consciousness that meanings crystallize [...] And while she is not the narrator, it is in her somewhat grandiose yet simple terms that events are conveyed to us. To her particular qualities of Englishness correspond qualities of Ferron's style, which, while they are not absent from his other works, are nevertheless present here to the exclusion of all else* [14].

Cette narration qui n'en est pas une, c'est la voix latente, la « voix anglaise », que j'ai déjà évoquée. Par sa capacité de voir et de comprendre, Ann agit donc à sa façon. Et le destin de Baron, si elle n'y change rien, aura au moins été compris, illuminé. Ce qui n'est pas peu de chose.

« Prunelle », regard actif, Elizabeth Smith avait déjà permis au jeune François Poutré de se voir et de se concevoir Patriote. D'elle à Ann Higgit, en passant par Frank Archibald Campbell et Frank-Anacharcis Scot, c'est un même besoin qui se fait sentir : celui de se projeter dans la conscience de l'autre, pour se laisser dire, voir, circonscrire par lui. J'ai parlé ailleurs de cette projection :

> *Once again Québécois reality is being sympathetically translated by an English outside mind, and it is this characteristic*

---

14. Betty Bednarski, « Afterword », *Wild Roses : A Story Followed by a Love Letter* (Toronto, McClelland & Stewart, 1976), p. 123.

projection of one's own reality into the mind of another that constitutes the most interesting aspect of Ferron's attitude to the English. To truly exist, and ultimately, to be truly saved, Québec, it would seem, has to be perceived and have substance, individually and collectively, in the English mind[15].

Comme si le Québécois devait, pour exister, se savoir vu, dit, circonscrit. Comme s'il devait, pour exister vraiment, exister aux yeux de l'Anglais. Et de fait, qu'il s'agisse de vie ou de mort, de libération ou d'échec, l'ultime confirmation ne pourra venir que de celui-ci.

Il y a donc, dans l'univers de Ferron, la possibilité d'une action dans les deux sens. Et les conditions de l'interaction sont bien contrôlées. Sélectif quant à son lexique anglais, Ferron l'est aussi avec ses personnages. L'accès aux Anglais eux-mêmes, tout comme l'accès aux mots, sera extrêmement surveillé. Leur champ d'action sera bien délimité. Tout sera réglé, dirigé, commandé par lui. À commencer par l'identité.

C'est Ferron, l'auteur, qui d'éléments choisis — défauts et qualités — compose l'« Englishness » qui constituera leur identité. Elle sera, dans le cas des *Contes*, surtout caricaturale, dans le cas des romans et des pièces, plus nuancée, mais tout aussi « fabriquée ». La plus assimilable de toutes sera celle d'Elizabeth Smith, proche par son éducation québécoise et patriotique, et dont les origines lointaines sont déjà brouillées, tandis que Frank, tout proche dans l'espace et par bien d'autres affinités, ne saurait, à cause de ses accointances juridiques et policières, faire oublier la domination bénigne qu'il a perpétuée. L'« Englishness » la plus « contrôlée » de toutes sera celle d'Ann Higgit, « Englishness » associée d'une part à l'innocence et à la dignité puritaine de la Nouvelle-Angleterre du XIXe siècle (à laquelle Ferron assimile Terre-Neuve et les Maritimes), et d'autre part à

15. Betty Bednarski, « Jacques Ferron », *Profiles in Canadian Literature*, vol. V, s. la dir. de Jeffrey M. Heath (Toronto, Dundurn Press, 1986), p. 121-128.

la grandeur de l'Angleterre elle-même. Identité factice s'il en fut, mais qui la rend, pour le Québécois, rassurante, admirable et, surtout, lointaine. Au départ, grâce à son appartenance à Terre-Neuve et aux Maritimes, elle est comme distanciée par rapport au Québec. Plus tard, par son exil, elle sera définitivement éloignée. C'est de l'Angleterre, d'ailleurs, et non pas du Canada, qu'elle fera sa lecture superposée de la vie et de l'œuvre de Louis Hémon et de la vie de Baron. Cette distanciation permettra à Ferron d'écarter dans son cas toute la problématique d'une éventuelle collaboration politique. Il n'en est tout simplement pas question. Comme il ne peut pas être question non plus d'enquébecquoisement. La situation acadienne rappelle, il est vrai, le problème du Québec, mais Ann s'en montre tout aussi attristée que Baron, et n'étaient la réaction violente du jars et de Rose-Aimée et les réserves de l'Acadien, Patrick, la jeune femme n'aurait rien de menaçant. Ann Higgit est surtout citoyenne du monde. « Qu'à l'honnête homme tout est pays [16] », dira-t-elle, et cette devise s'opposera aux déclarations franchement patriotiques ou velléitaires d'autres personnages anglais.

Si Ann possède d'autres qualités — ouverture d'esprit, sensibilité de lectrice — ses qualités anglaises restent capitales et imprègnent, comme nous l'avons déjà vu, tout le livre. Elles n'en constituent pas moins une « Englishness » bien particulière et comme idéalisée. En fait, plus l'Anglais est distancié, dans l'espace ou dans le temps (ou, comme Elizabeth Smith, tout simplement distancié par rapport aux siens), plus il est facile de l'« améliorer ». Le Québécois qu'est Ferron peut alors se laisser aller à l'admiration, sans compromettre en rien l'intégrité de sa propre réalité. Car, s'il y a d'une part contrôle sélectif, parfois idéalisant, il y a d'autre part

---

16. *Les Roses sauvages, petit roman suivi d'une lettre d'amour soigneusement présentée* (Montréal, Éd. du Jour, 1971), p. 80.

celui, exigeant, de la lucidité. Dans l'univers de Ferron, malgré les conditions de rêve dans lesquelles les personnages se meuvent, malgré les événements surréels auxquels ils sont souvent mêlés, il ne se passe entre Anglais et Québécois rien d'essentiel qui dépasse les limites du possible. La création chez Ferron, si elle répond à une aspiration, à un idéal de réconciliation, ne contredit jamais la réalité objective de son pays. C'est là que réside sa « vérité ». Je sens moi-même chez lui les grandes ambitions, les grands élans. Je sens tout ce qui les freine aussi. Et de fait, s'il corrige et améliore l'Anglais dans un but précis, il n'en agit pas moins avec circonspection, et se voit même obligé, parfois, de recorriger.

L'action exercée par l'Anglais, Ferron, en maître absolu, peut la saboter. Au fur et à mesure, s'il le veut, ou après coup, mais la saboter. C'est ce qu'il fait explicitement en « congédiant » Frank à la suite de la déception de 1970. C'est ce qu'il tente de faire en publiant, dès 1972, une « version entièrement nouvelle de *La Nuit* », *Les Confitures de coings* étant une *Nuit* revue à la faveur d'une nouvelle lucidité. Et, à bien y penser, le statut prestigieux de narrateur que Frank avait fini par atteindre se trouve déjà diminué du fait que les événements glorieux dont, en narrant, il se faisait l'annonciateur, n'auront pas vraiment lieu. *Le Ciel de Québec* n'aura pas de suite. Le Rédempteur Fauché s'avérera un bien piètre Sauveur. Sa vie, sa passion et sa mort ne seront jamais racontées [17]. Le Québec est du fait appauvri, une attente est déçue, mais surtout, la narration de Frank-Anacharcis Scot se trouve, par là même, rétroactivement discréditée.

Après Frank-Anacharcis Scot, il n'y aura plus d'authentique narrateur anglais. Après Ann Higgit, il n'y

---

17. Voir les remarques de Ferron citées par Donald Smith dans « Jacques Ferron ou la folie d'écrire », *L'Écrivain devant son œuvre* (Montréal, Éd. Québec / Amérique, 1983), p. 100.

aura presque plus d'Anglais. Congédiant l'un, distanciant l'autre, Ferron semble, après 1970, avoir peu à peu abandonné une aventure, que pendant plus de deux décennies il avait tentée, s'y engageant lui-même, y engageant son œuvre — l'aventure belle, émouvante, mais combien périlleuse et décevante de la réconciliation avec une altérité. Mais le pays lui-même se serait-il en même temps éloigné ? Le projet de pays aurait-il été, lui aussi, délaissé ? Il avait été impossible de l'entretenir, ce projet, sans d'une manière ou d'une autre y impliquer l'Anglais. Tant que le projet avait été vigoureux, motivation dynamique, l'Anglais, cette altérité que le Québec ne saurait fuir, s'était bon gré, mal gré imposé. Le pays n'aurait pu se constituer sans lui. Le pays désormais se retire, et avec lui l'Anglais.

Ferron a beaucoup écrit sur les Anglais, et le portrait qu'il en a fait me paraît d'une très grande subtilité. Mais ce ne sont pas les attributs du personnage qui m'intéressent ici, même s'ils sont dignes d'étude (comme le sont aussi les remarques sur l'Angleterre elle-même, ses institutions, son histoire, l'organisation de sa société[18]). Ce qui me préoccupe, c'est plutôt, entre Québécois et Anglais, la complexité d'une relation qui cherche à s'affirmer et se veut interrelation dynamique, à l'opposé des *Deux solitudes* de Hugh McLennan, que Ferron rejette, et contre lesquelles son œuvre s'érige.

« Anti-*Deux solitudes* », l'œuvre l'est donc par tout ce qui en elle tente d'engager dans un rapport d'*inter*action les deux ethnies. Mais « anti-solitudes » elle l'est aussi, privilégiant au niveau de l'individu toute la complexe réciprocité de l'interhumain. Car l'individu non plus ne saurait se constituer sans l'autre, sans *les* autres. Et l'Anglais n'est pas dans l'œuvre de Ferron la seule

---

18. Voir par exemple, « L'abbé Surprenant », *Historiettes* (Montréal, Éd. du Jour, 1969), p. 152-155.

altérité. « Rattacher le moi aux autres » — nécessaire mais folle tentative. Ferron en dit long dans *Du fond de mon arrière-cuisine* et, pendant plus de trente ans, de *La Barbe de François Hertel* à *L'Exécution de Maski*, son œuvre n'a pas cessé d'en témoigner.

L'ALTÉRITÉ

Se projeter dans la conscience d'un autre, se laisser circonscrire par lui, que ce soit en littérature ou ailleurs, répond à un besoin et à un fait fondamental de l'existence humaine. Ferron, l'auteur, recherche, par personne interposée, c'est-à-dire par l'intermédiaire de ses narrateurs et personnages, ces situations d'asymétrie que l'existentialisme a explorées et dont Bakhtine, dans *Esthétique de la création verbale*, nous a révélé l'importance en littérature. Situations d'asymétrie, mais qui n'ont rien de hiérarchiques (l'autre est tantôt « supérieur » — car circonscrivant, tantôt « inférieur » — car circonscrit) et qui, en s'inversant et se multipliant, constituent et définissent l'être.

Au centre de l'œuvre de Ferron se trouve une « théorie du moi » qui, élaborée au cours des années soixante dans une série d'essais (ils seront réunis en 1972 dans *Du fond de mon arrière-cuisine)*, s'intégrera aussi à la fiction et à l'autobiographie et, notamment, dans des passages de théorisation explicite, aux *Confitures de coings* et à *L'Exécution de Maski*. C'est par le biais de ma réflexion sur l'Anglais que j'ai été amenée à revaloriser cette théorie. C'est maintenant en elle que l'œuvre me paraît fondée.

Le moi de Ferron se perçoit au départ comme différent, étranger au milieu du monde d'autrui :

> Le moi, les autres : antinomie. Les autres se présentent par le dehors ; ils font partie de la nature. Le moi se voit par le dedans ; j'y suis pris et seul [1].

Ou encore :

> Autour de moi il y avait des hommes dont je ne voyais que les dehors. Communiquant avec eux, j'ai supposé que j'étais des leurs, mais je n'en suis pas absolument certain. Ils sont très nombreux et je suis seul ; ils prolifèrent et je me meurs [2].

Le moi, ainsi conçu, est détestable, pire — il est « crucifiant ». Le seul espoir : se couler dans le monde des autres, se faire autre parmi les autres, se laisser englober par la vision des autres, sortir ainsi de l'intériorité. Ferron aspire, en effet, « en se prenant pour un autre [3] », à rejeter ce que Bakhtine appelle « le fardeau du moi unique et seul [4] ». Sa description fantaisiste des données spatiales de l'homme, captif d'« un petit studio d'artiste

---

1. « Autre fragment », dans « La soupière » (suite à « La descente de la croix »), *Du fond de mon arrière-cuisine* (Montréal, Éd. du Jour, 1973), p. 185.
2. « Le verbe s'est fait chair — on manque de viande », dans « La descente de la croix selon Monsieur Camus, auteur de *L'Étranger* », *Du fond de mon arrière-cuisine*, p. 144.
3. « La création de l'homme », *Du fond de mon arrière-cuisine*, p. 141.
4. Mikhaïl Bakhtine, *Esthétique de la création verbale*, trad. du russe par Alfreda Aucouturier, préf. de Tzvetan Todorov (Paris, Gallimard, 1984), p. 368.

dans les cheveux[5] » et privé, sans le recours à l'autre, de toute extériorité, correspond en tous points à l'analyse qu'en fait Bakhtine[6]. Selon Bakhtine, en effet, seul l'autre peut compléter le moi, le constituer, non seulement comme unité spatiale et temporelle, mais comme un « tout signifiant ». C'est par l'autre que chacun tentera de se circonscrire et de donner un sens à sa vie.

C'est l'exotopie de l'autre (Bakhtine parlera aussi de « surplus de vision », de « transcendance »), qui constitue à la fois sa différence et sa « supériorité ». C'est de cette exotopie de l'autre que le moi essaie de disposer, afin de se saisir du dehors dans le regard d'autrui. Si l'on replace l'Anglais de l'œuvre dans cette perspective, l'on verra que tout ce que j'ai appelé « action vengeresse », quand elle dépasse le niveau purement espiègle, vise à la transformation de l'autre en vue de le rendre digne d'exercer son exotopie. Et ce serait le cas de l'idéalisation aussi. Dans le cas de Frank, tué d'abord, puis réadmis, et à la fin définitivement congédié, l'exotopie, devenue aliénante, serait tout simplement refusée. Celle d'Ann, par contre, serait acceptée. Mais que l'Anglais soit éliminé ou amélioré, le but est toujours le même : ajuster, indirectement, une vision de soi.

Le rapport du *moi* québécois à l'*autre* anglais me paraît l'un des plus intéressants et des plus complexes de l'œuvre. Mais ce n'est pas le seul rapport problématique. À l'empoisonnement et au congédiement de Frank répondra, à travers les textes et les années, dans le dernier livre publié, l'exécution de Maski, ultime version de l'altérité. Le rapport à l'autre comporte toujours un risque. Il est « fallacieux » et « réside dans une réciproque aliénation[7] ». Mais il n'y a d'important que lui. « On

---

5. « La création de l'homme », *Du fond de mon arrière-cuisine*, p. 139, 141.
6. Voir, par exemple, Mikhaïl Bakhtine, *Esthétique de la création verbale*, p. 55-61.
7. « La création de l'homme », *Du fond de mon arrière-cuisine*, p. 139.

risque de se prendre pour un autre et d'être fou tout simplement. » C'est le dernier narrateur, Notaire, qui le dit. « Quant à se prendre pour un autre, il n'y a pas d'autre moyen de ne pas être fou[8]. » La réponse est de Maski Vérité double, à laquelle on ne saurait échapper. Et si l'œuvre prévoit l'échec de la « folle tentative », elle ne s'en obstinera pas moins à en figurer les triomphes et l'absolue, la douloureuse nécessité.

Frank narrant, Ann lisant. Mais Marguerite aussi, tendre, aimante, enveloppant de sa compassion le narrateur mort de *La Charrette*, annulant ainsi le regard diabolique de Bélial et de ses acolytes. Et, à tant de reprises, la mémoire active et l'écriture salvatrice : la mère de François Ménard survivant dans la conscience de son fils ; dans *L'Amélanchier*, un enfant (Léon d'abord, Tinamer ensuite), sauvé chaque jour de l'amnésie de la nuit par la « mémoire tutélaire » des parents, et un père, Léon, racheté plus tard par le récit de sa fille ; et dans *Cotnoir*, la femme du médecin préservant dans l'arche de son cahier tous ceux qu'elle y décrit. L'écriture, pour sa part, constitue l'une des plus belles manifestations de l'activité de l'autre, et sa représentation fictive à l'intérieur de l'œuvre est la mise en abyme de l'exotopie créatrice que Ferron exerce lui-même en tant qu'auteur.

Il faut, en effet, distinguer entre l'auteur et ses créations — personnages et narrateurs. En tant que créateur — *natura creans* et non *creata* — l'auteur jouit d'une exotopie suprême vis-à-vis de ceux-ci, quels que soient leurs rapports entre eux. C'est lui qui tient les ficelles et, de manière objective, il ne connaîtra lui-même l'asymétrie inverse que dans ses propres rapports avec un lecteur réel — extérieur à l'œuvre mais également constitutif de celle-ci — avec un lecteur critique, peut-être, ou même un lecteur traducteur... Et cette asymétrie ultime est

---

8. *L'Exécution de Maski*, dans *Rosaire* précédé de *L'Exécution de Maski* (Montréal, VLB, 1981), p. 25.

comme préfigurée, lors de l'écriture, par une autre, subjective, fondamentale, celle du jeu d'altérité qui caractérise, à l'intérieur de la conscience de l'écrivain, les rapports avec un lecteur imaginé, au regard agissant sur l'œuvre.

Mais regardons de plus près le rapport de l'auteur avec ses créations (narrateurs et personnages). Celles-ci se distinguent, certes, de l'auteur. Ce sont des *autres* qu'il s'est créé. Lui-même reste vis-à-vis d'elles l'*auteur-autre*, qui les encadre de sa vision et leur assure résolution et achèvement esthétique. Mais l'auteur ne s'offrirait-il, par leur infinie interaction, que spectacles à lui-même ? Dans la mesure où ces créations sont tributaires de sa conscience, et constituent comme des projections de lui-même, ne se procurerait-il pas à travers elles résolution et achèvement aussi ? Ne se multiplierait-il pas pour chaque fois se réduire et se laisser circonscrire par lui-même ? Léon de Portanqueue, François Ménard et le « je » / « il » de *La Charrette*, Baron, Louis Hémon et même la petite Aline Dupire, le Mithridate III du *Saint-Élias* aussi : autant de personnages fictifs ou réels — autant de « héros », dirait Bakhtine — que l'on peut rattacher à Ferron (et là je ne cite que les filiations les plus évidentes), que Ferron soumet à l'exotopie secondaire d'autres personnages (ou narrateurs) comme eux, et enfin, en tant que composantes d'une œuvre d'art, à sa propre exotopie suprême. L'asymétrie est ici toute intérieure et, comme celle qui s'établit entre l'auteur et son lecteur imaginé, subjective. La résolution qu'un auteur se procure ainsi ne saurait être que partielle. Mais elle est, je crois, réelle, et correspond à une des fonctions de l'art, qui est toujours, en ce sens, intéressé.

Vue dans cette perspective-là, la tentation autobiographique ne correspondrait-elle pas à un désir plus pur encore, plus conscient, d'auto-suffisance ? Non pas se passer de l'autre, mais soi-même, provisoirement, le remplacer, atteindre, par un effort de dédoublement intérieur du « je », cette même asymétrie en rapport avec soi-même ? Et rien n'égale, en effet, la concentration de l'autobiographie, qui ramasse tout en une asymétrie du « je » au « je », subjective, elle aussi, mais surtout auto-référentielle. On le trouve également chez Ferron, ce « je » autobiographique, tout ramassé, tout concentré, dans l'« Appendice aux *Confitures de coings* », « La créance », ou dans certains essais comme « Claude Gauvreau ». On le retrouve encore dans *Gaspé Mattempa* et *L'Exécution de Maski*, mais éclaté, cette fois-ci, ne maintenant plus la fiction de son unicité, partagé à nouveau en ce « je » / « il » du couple que forment le narrateur (Notaire) et Maski.

Chez Ferron, les frontières entre la fiction et l'autobiographie me semblent brouillées. La fiction tient à signaler, comme dans l'« Appendice aux *Confitures de coings* », ses assises dans la réalité. L'autobiographie se camoufle de fictions. Et le « je », qu'il se déclare fictif ou autobiographique, ne saurait rester longtemps uni. Le « je » est souple, et par là même instable. Et son instabilité constitue à la fois sa force et sa précarité. Dans *Du fond de mon arrière-cuisine*, Ferron examine en théoricien la notion d'un moi interchangeable en français avec le soi (on dira indifféremment « le quant-à-moi », « le quant-à-soi »), participant de la première et de la troisième personnes grammaticales, figurant ainsi une division, une confusion. En plus d'être seul et unique, le moi lui paraîtrait « schizoïde[9] ». Mais les autres personnes grammaticales seraient, elles aussi, issues du « je », des manières de personnages, des tentatives de se libérer de lui.

Quand je parle ou j'écris, je ne dispose que d'un seul acteur. Ce visage nu, il se nomme JE, mais il s'affuble aussi de personnages, savoir le TU, le IL, le NOUS, le VOUS, le ILS.

---

9. « Le verbe s'est fait chair — on manque de viande », *Du fond de mon arrière-cuisine*, p. 147.

Cela me confirme dans ma solitude, tout en témoignant de mon besoin d'en sortir. Je reste unique et pourtant je me multiplie pour me rendre compte de la diversité du monde. Je n'y parviendrai jamais [10].

À quoi j'ajouterais que le simple fait de dire « je », de se formuler comme personne grammaticale, circonscrit le « je » et le détache très délicatement du moi.

Ainsi perçus, tous les « je » se fondent, qu'ils aient ou non un référent repérable dans la réalité. La fiction et l'autobiographie révèlent leur fondamentale parenté. Et les autres voix narratives — toutes plus ou moins fictives, toutes plus ou moins autobiographiques, versions d'un même « je » infiniment diversifié — se rejoignent par la subjectivité (entendue ici au sens esthétique et non pas au sens psychologique). Ainsi s'abolissent, provisoirement, des distinctions par ailleurs capitales, comme s'estompe chez Bakhtine la distinction biographie-autobiographie, dans la perspective qu'impose l'analyse phénoménologique des rapports entre auteur et héros. Ferron aura joué de toutes les personnes grammaticales. Les nuances sont grandes entre celles-ci, mais elles ne sauraient être analysées ici. Ce serait le domaine d'une étude proprement narratologique. Se définit par contre un principe, celui des altérités subjectives, qui permet d'aligner dans un même axe des récits extrêmement variés et d'en révéler la profonde affinité.

Ainsi se rejoignent et se répondent *La Charrette* et « La créance », deux récits apparemment dissemblables mais fondamentalement liés. Dans *La Charrette*, œuvre de fiction, Ferron donne une définition de la mort, perçue comme phénomène grammatical. Mourir consisterait tout simplement à passer de la première personne du singulier, « la seule qui soit vraiment personnelle », à la troisième, « celle qui s'en va, qui est déjà en dehors du

---

10. *Du fond de mon arrière-cuisine*, p. 146.

jeu [11] ». Le récit lui-même serait la transposition du phénomène en termes narratifs. Comme il s'agit au départ d'un narrateur « je » explicite, éminemment conscient, qui formule tout haut la théorie, Ferron marquera par le passage du « je » au « il », non seulement la mort mais l'inaptitude du moi à se saisir mort sans recours à l'altérité. On peut penser sa propre mort, dit Bakhtine, mais non pas la vivre. Sans l'achèvement qu'implique l'intervention d'une conscience extérieure à soi, la mort ne saurait être cernée, la mise en forme esthétique ne saurait être réalisée [12]. Le « il » de *La Charrette,* issu d'une mutation narrative, répond chez Ferron au désir du moi de se cerner dans sa temporalité. La création littéraire, par la voie de ses fictions, offre, en effet, à l'auteur la possibilité d'approcher sa propre mort. Ici, le *moi-auteur* s'est créé un narrateur-personnage, voué à la mort, auquel dans un premier temps il peut s'identifier, grâce au « je » qu'il partage avec lui. Mais il se verra obligé, pour rendre compte de la mort, d'invoquer du plus profond de lui-même une conscience plus distanciée, grâce à laquelle, dans un deuxième temps, un clivage pourra s'opérer. Le premier « je », double au départ et explicite, occupé tout à la fois à vivre et à regarder, aura fini par se diviser en un « je » impersonnel, implicite, pure fonction narrative, et un « il », simple personnage, qui devra, pour se maintenir, non pas regarder mais être regardé.

Or, c'est la première personne, celle qui est maintenant implicite, qui garde en vue le « il » et dispose de lui. (Tout « il » dépend d'un « je » et, on l'aura deviné, c'est la filiation des « je » emboîtés qui me fascine.) Ce « je » tire ses forces, je crois, de la présence dans le livre de deux consciences qui, si elles ne formulent pas le « il » (elles se le disputent en quelque sorte), créent néanmoins les conditions qui lui permettent de se constituer.

---

11. *La Charrette,* roman (Montréal, Éd. HMH, 1968), p. 48.
12. Mikhaïl Bakhtine, *Esthétique de la création verbale,* p. 114-118.

Il s'agit de la conscience maléfique de Bélial, secondé par Frank, et de celle, salvatrice, du trio des femmes, d'où se détachera à la fin la tendre épouse, Marguerite. Et Marguerite, par son amour et son deuil, donnera à la mort son poids et sa valeur. Dans les dernières pages, c'est Marguerite qui occupe à elle seule le récit. Ce qui est amorcé et sous-entendu à la fin de *La Charrette*, c'est le récit de la suite de la vie de Marguerite, en qui le « il » continuera de vivre. La mutation aura consisté à faire glisser le narrateur radicalement du côté de l'altérité. Que l'on s'en tienne au seul narrateur « je » et à sa mutation ou que l'on rattache le tout au *moi-auteur*, la perspective est celle du moi et reste la même. Par cette opération, le moi aura tenté de cerner en termes narratifs l'événement de sa mort dans la conscience d'autrui. Il aura en plus fixé, dans cette même conscience, le lieu de sa propre survie.

Et la mort, par la chanson de Barbara (« L'enfant naît dans la plaie du couteau »), par la présence de la « mère-cadette » et les paroles de Marguerite, évoquera ici la naissance, autre frontière de la vie. Inaccessibles toutes deux sans recours à la conscience d'autrui, mort et naissance se seront depuis toujours confondues. « Tu me parles comme si je venais de naître [13]... »

Dans « La créance », le « je » a beau se déclarer résolument autobiographique, il s'insinue par l'imagination (sans « acrobatie » narrative) dans un temps situé en dehors de sa propre vie, afin de se constituer un contexte et de circonscrire ses origines. Il approchera, par la vie de ses parents — celle de la mère surtout, première altérité — la naissance, ce commencement de lui-même, qui le fuit. Cette mère perdue, en qui se fonde la vie, à laquelle à travers l'œuvre toutes les femmes ont tendance à s'assimiler, ne figurerait-elle pas, par sa propre mort prématurée, l'altérité, fondatrice de l'être, et sa précarité ? « La

---

13. *La Charrette*, p. 204.

créance » et *La Charrette* se conjuguent et se complètent. Ces deux textes constituent ensemble une même tentative : circonscrire les inaccessibles frontières temporelles du moi, vivre à travers l'autre, et surtout à travers l'*autre-femme* (épouse et mère) les deux extrémités de la vie. À *La Charrette* se rattachent aussi, par la notion d'une division du « je », les textes centrés sur l'altérité anglaise et ceux où surgit le personnage de Maski. D'autres textes encore révéleront leur affiliation avec ceux-ci.

Le recours à l'autre, par la diversification du moi, la distanciation par rapport à soi-même, peut aboutir à la division et au déchirement schizoïdes. Dans ces conditions, se faire autre aura fatalement des conséquences négatives. J'ai déjà évoqué les notions de double et d'*alter ego* à propos de personnages anglais. Or, l'*alter ego*, c'est non seulement un autre moi — l'autre que l'on s'approprie par fascination, en s'efforçant de le rapprocher de soi — c'est déjà en même temps un moi autre, un moi qui tend de toutes ses forces vers l'autre, aspire à se faire autre, lui aussi. C'est ce dernier mouvement, naturel, nécessaire, mais dangereux aussi, qu'accomplissent à leurs risques et périls certains personnages et narrateurs de l'œuvre.

Dans des moments d'identification nationale, l'altérité se définit nécessairement en termes d'ethnie. Se dédoubler pour le Québécois consistera alors à créer une version anglaise de soi-même. Frank était le double de François et avait, dans un premier temps, confisqué l'âme de celui-ci. Elizabeth Smith était le « reflet » de Chénier et rêvait de se libérer. Dans les deux cas, l'œuvre aboutissait à l'élimination d'un élément du couple devenu impossible.

Elizabeth, pour exprimer son désarroi, avait recours à une métaphore, celle du miroir. Et le miroir chez Ferron joue un rôle important. Il est intégré à la théorie du moi.

Mais on restait, comme on dit, le nez dans le vent, jusqu'au jour où pour se désaltérer — en vérité il s'altéra — Narcisse se pencha sur la fontaine.

Un miroir devant le mirador fit que du petit studio on put grosso modo compléter son spécimen d'*homo erectus* et s'apecevoir par la forme perçue par les autres, celle d'un autre parmi les autres [14].

Le miroir permet à l'homme de se voir du dehors, et en cela ressemble au regard des autres, qui eux « (font) office de miroir [15] ». Mais le miroir permet surtout de se rendre compte de l'autre qui existe en soi. « [J]e ne suis pas seul quand je me regarde dans le miroir ; je suis sous l'emprise de l'âme autre [16]. » C'est Bakhtine qui le dit. Et, dans *Papa Boss*, c'est par l'entremise du miroir que le dédoublement s'accomplit. Dans des passages où la théorisation se mêle à la fiction, la mécanique du dédoublement, véritable diplopie, est expliquée, on dirait presque « démontée ».

Des miroirs il y en a partout, on ne se méfie pas, et puis, un jour, il arrive qu'en s'y regardant on réfléchisse et qu'on se trouve pris entre deux réflexions, l'une vraie, l'autre illusoire, il arrive que Papa Boss se mette de la partie, qu'on se trouble, qu'on mêle ces deux réflexions, qu'on ne puisse plus les résoudre l'une dans l'autre. [...] La diplopie aussitôt de s'aggraver ; il ne s'agira plus désormais d'une image dédoublée qu'une simple mise au point suffirait à uniformiser, mais de doubles différenciés incapables de retourner l'un dans l'autre et de retrouver leur identité perdue. Tout est prêt pour la rupture ; il ne reste qu'à la consommer. C'est le moment que Papa Boss attendait pour se glisser en arrière du miroir [17].

Dans ce roman où règne la fantaisie, c'est un être puissant à l'extérieur du personnage qui, en soufflant sur la glace, insuffle à l'autre, intérieur, la vie et en provoque

---

14. « La création de l'homme », *Du fond de mon arrière-cuisine*, p. 141.
15. Cité dans Jean Marcel, *Jacques Ferron malgré lui* (Montréal, Éd. du Jour, 1970), p. 30.
16. Mikhaïl Bakhtine, *Esthétique de la création verbale*, p. 53.
17. *Papa Boss* (Montréal, Éd. Parti pris, 1966), p. 37-38.

l'autonomie. La rupture s'opère sous le regard d'une divinité aliénante, pour la plus grande gloire de celle-ci. Les personnages, dédoublés, qui par un archange, qui par une Vierge Marie, participent à une Annonciation parodique et sont tout simplement dépossédés. Et leur dépossession est irréversible et totale dans un récit à la deuxième personne dont Papa Boss lui-même s'avère le narrateur unique. La narration figure ici la toute-puissance du « je » et l'abjection d'un « vous » divisé et soumis.

Le dédoublement comme signe d'aliénation... Il faudra un jour entreprendre l'étude de tous les doubles de Ferron. J'ai beaucoup insisté sur le dédoublement anglais ainsi que sur une précarité québécoise ou plus largement collective, que les diplopies de *Papa Boss* illustrent bien, à leur manière. Mais c'est d'une précarité toute intime, quoique indissociable de la première, qu'à la fin l'œuvre va se préoccuper. Deux textes annonciateurs, intermédiaires, me semblent à cet égard particulièrement significatifs. *Les Roses sauvages* et *Le Saint-Élias* tendent à réunir ce qui va éclater.

Les premiers doubles avaient été Anglais. Ann Higgit, dernière représentante de l'Anglais, n'est déjà le double de personne (à moins qu'elle ne soit, par la « voix anglaise », par cette expression qui lui ressemble, celui du narrateur des *Roses sauvages*, qu'elle seconde en quelque sorte et authentifie). Elle était surtout simple, unie, aimant le Québécois mais ne menaçant pas son unicité à lui. Le vrai couple de ce livre serait celui que forment Baron et Louis Hémon, et ce couple, qui n'existe que dans la conscience d'Ann (et dans celle du narrateur, qui nous livre sa perception à elle et semble la partager), annonce déjà le déchirement des derniers écrits. Liés, sans le savoir, au-delà du temps et de l'espace, par une même expérience tragique, l'homme et l'écrivain, ces deux êtres indépendants mais complémentaires, finissent par ne former qu'un seul dans l'esprit de la jeune femme, qui les aura connus tous les deux et compris, l'un dans la vie réelle, l'autre par ses romans et sa biographie. Et à la fin les intuitions d'Ann seront comme confirmées : Baron et Hémon se rejoignent, non seulement par les circonstances de leur vie, mais aussi par leur mort, et par la littérature, que Baron, dans sa folie, aura, à travers ses lettres (« belles, bien écrites, presque littéraires »), au moins approchée.

Le terme « double » n'est peut-être pas approprié ici. Il s'agit bien plus d'un amalgame, d'un tout composé. Il s'agit de la fusion de deux êtres, opérée dans la conscience d'un autre par un acte de compréhension esthétique. Mais par cette fusion se trouvent déjà réunis les éléments de l'ultime conflit, qui prendra de plus en plus la forme d'un combat de l'écrivain avec lui-même. Car les termes de la division, d'abord ethniques, collectifs, politiques, deviendront tout autres, révéleront un « je » écrivain confronté aux autres « je » de l'être, s'articuleront autour des notions d'écriture, de médecine et de folie. Dans *Le Saint-Élias*, roman qui résume et qui annonce, lui aussi, paraît Mithridate III, personnage sans division, tout intégré, uni, mais qui joue le double rôle de médecin et d'écrivain, fusionnant ainsi à travers le temps le Mithridate, poète et roi déchu des *Grands Soleils* (autre version du robineux du conte « Cadieu » et du vagabond conteur de « Suite à Martine ») avec le médecin-patriote Chénier. (Déjà, dans *Les Grands Soleils*, les deux avaient été symboliquement rapprochés par le « poison » qu'ils buvaient — par la robine [18].) Et Mithridate et Chénier réunis, Baron et Hémon superposés, préfigurent Maski opposé au « je » sans nom de *Gaspé Mattempa* et au Notaire, scribe et bourreau, de *L'Exécution de Maski*.

Dans ces derniers écrits, auxquels se rattachent « Les salicaires », texte charnière, sorte de confession à la deuxième personne (la division du moi s'exprime ici par

---

18. Voir *L'Exécution de Maski*, p. 11-12.

la transformation du « je » en « vous », au stade du manuscrit seulement), l'œuvre se concentrera sur un moi
autobiographique de plus en plus réduit. (« De livre en
livre notre monde s'était appauvri, il avait perdu peu à
peu ses personnages. Il n'en gardait qu'un seul et c'était
toujours lui qui revenait, sous divers déguisements, et qui
ne me trompait même plus [19]. ») Et ce moi sera comme
coupé du monde extérieur, sans autre recours qu'une
altérité intérieure, et définitivement déchiré.

Perçu comme un être autonome, Frank n'en avait pas
moins ses origines dans la conscience de François. Le
« je » de Notaire et le « il » de Maski sont, eux aussi,
deux versions d'une seule conscience divisée. Et dans le
cas de Maski, comme dans le cas de Frank, un double-
usurpateur sera à la fin éliminé. Mais alors que la mort
de l'Anglais scelle la victoire de François, rentré en possession de lui-même, de son âme et de son pays, le dernier
« je » de Ferron, sans Maski, sera démuni. « L'exécution
de Maski annonçait la mienne [20] »...

Chacun contient un autre moi, un *autre* possible, à
l'intérieur de soi, et c'est de cette virtualité d'être *autre*
qu'il tirera son exotopie par rapport à sa propre vie. Pour
le moi, comme pour l'auteur, cet autre constitue une pré-
cieuse ressource. Dans l'organisation du souvenir il joue
un rôle actif. C'est lui qui rend possible le récit d'une vie.
L'*autre* virtuel de chacun, Bakhtine le décrit ainsi :

[C]'est l'autre possible, celui dont j'admets le plus volontiers l'emprise sur moi, dans la vie, celui qui se trouve à mes
côtés lorsque je me regarde dans le miroir, lorsque je rêve de
gloire, lorsque je me reconstruis une vie extérieure, c'est
l'autre possible qui a pénétré dans ma conscience et qui, souvent, gouverne ma conduite [21].

---

19. *L'Exécution de Maski*, p. 33.
20. *L'Exécution de Maski*, p. 36.
21. Mikhaïl Bakhtine, *Esthétique de la création verbale*, p. 159.

Avec lui, selon Bakhtine, on peut vivre heureux, mais il exerce son emprise sur la vie intérieure : « et c'est là que s'engage le combat contre l'autre en vue d'une délivrance de mon *moi-pour-moi* dans toute sa pureté [22]. »

Maski ne serait-il pas l'actualisation de cette virtualité, lui dont Notaire dit qu'« il se projetait dans un miroir, dans le miroir où je me regardais en écrivant, sans me reconnaître, à cause de ma haine pour lui [23] » ?

Ferron aura ainsi représenté dans ce dernier texte une relation du moi au moi, possible, dangereuse et, à la fin, destructrice. Mais ce texte marque aussi une dernière étape dans l'évolution de l'œuvre, vue elle-même comme manifestation d'un rapport avec l'altérité.

L'œuvre de Ferron figure, sous diverses formes, un moi captif, tourné vers le dehors, se débattant aux frontières de lui-même pour se préciser. Se connaître, émerger à la conscience de soi, retrouver son âme : autant d'aspirations subjectives mais qui forcent l'interaction avec l'altérité [24]. Le « néant », évoqué à la fin de l'œuvre et tant appréhendé, serait l'ultime privation, l'assombrissement du moi dans le moi, la disparition de toute altérité [25]. Et c'est, au bord du néant, par l'altérité que le moi cherchera encore à s'affirmer.

Pourtant, cette ambition ne saurait tenir compte de tout le projet de Ferron, que j'ai représenté jusqu'ici dans

---

22. Id., *ibid.*

23. *L'Exécution de Maski*, p. 33.

24. Bakhtine m'aura même permis de concevoir l'âme en termes d'altérité. Que serait-elle, cette âme de François Ménard, perdue et retrouvée, sinon la consistance de la vie intérieure, saisie à travers la mémoire dans sa temporalité, « l'extériorité intérieure » (Bakhtine parlera même d'une mince enveloppe charnelle qui l'entourerait), qui résulte de l'interaction amoureuse du moi avec autrui ? Frank rejeté, François aura invoqué une altérité plus vaste, salvatrice. Sans altérité il n'y a pas d'âme, dit Bakhtine. Il n'y a qu'esprit. (Mikhaïl Bakhtine, *Esthétique de la création verbale*, p. 111-113.)

25. Voir « L'alias du non et du néant », *Le Devoir*, Cahier nº 2, *Culture et Société*, vol. LXXI, nº 89, 19 avr. 1980, p. 21-22.

ce qu'il a de plus personnel et de plus subjectif. Je le crois, ce projet, surtout subjectif. C'est, d'ailleurs, contre sa propre subjectivité que l'œuvre à la fin se sera révoltée. Du moi, Ferron avait écrit, dans *Du fond de mon arrière-cuisine* :

> En vérité, il est trop personnel, trop gonflé de soi-même et trop spectaculaire. S'il est détestable, c'est par sa futilité, qualité dont on se pénètre en vieillissant avant d'en mourir et de céder la place à tout ce qu'il n'est pas [26].

Dans *L'Exécution de Maski,* Maski lui-même avait dit :

> Pourquoi s'obstiner à faire des livres, des livres et des livres où tu retrouves toujours le même personnage, un personnage avide de lui-même, que d'un livre à l'autre tu aimes moins, qui te gêne et qui même sans moi, reviendra, oui, à la condition que tu puisses continuer d'écrire, Notaire [27].

Quant à Notaire, dégoûté de l'encombrant Maski, il avait aspiré à « ne garder de moi que le scribe et rester en dehors de mon œuvre comme un dieu. » « Ce dieu-là, con-clue-t-il, n'était pas mon fait [28]. » Mais, malgré la sub-jectivité et en plus de tous les rapports internes déjà signalés, l'œuvre veut entretenir des rapports avec le monde qui lui est extérieur, vise même à agir sur lui. C'est ainsi que chez Ferron, avec une infinie discrétion, à travers la mise en abyme de l'acte d'écrire et de conter, et avec plus d'insistance, par la polémique, un espoir et une ambition sont révélés. Car l'être, en se réclamant de l'exotopie des autres, leur offre en même temps la sienne, leur permet de se voir à travers le regard de l'autre qu'il est. Et, dans la mesure où les éléments de la réalité d'un auteur, assimilés par l'œuvre, correspondent à des élé-ments de la réalité d'autrui, l'autre est touché par l'œuvre, bénéficie de l'achèvement esthétique que cette

---

26. « Le moi crucifiant », dans « La descente de la croix selon Monsieur Camus, auteur de *L'Étranger* », *Du fond de mon arrière-cuisine*, p. 133.

27. *L'Exécution de Maski*, p. 35.

28. *L'Exécution de Maski*, p. 35.

œuvre accomplit. L'œuvre est en ce sens un don que l'auteur accorde à un autre à l'extérieur de lui. Il peut s'agir d'un être réel, intégré dans une vision, et ainsi sauvé, à l'instar de ceux que Madame Cotnoir avait réunis dans l'arche-cahier. Il peut s'agir également d'une réalité plus large, d'un être collectif, d'un pays. Et, à cet autre qu'est le Québec, Ferron aura voulu donner certitude, précision, netteté, en exerçant par rapport à lui son exotopie.

Sortir de soi pour se préciser, se dessiner, en un mot se sauver. Cerner et dessiner en même temps l'autre, le sauver, lui aussi. (Le salut de l'autre, ne serait-ce pas une notion surtout chrétienne ? Le christianisme privilégie les rapports du moi à l'autre, et Ferron, par son attachement au personnage tragique du Christ, en reste encore tout imprégné.) Voilà la double pulsion à laquelle répond l'œuvre de Ferron, non seulement dans ce qu'elle contient de plus explicite, mais par cette interaction dont elle est elle-même le lieu. Sauver le moi, sauver l'autre — ambitions interdépendantes. L'œuvre est à la fois le lieu et l'enjeu de cette solidarité.

Bakhtine explique que pour se sauver, se concevoir, s'objectiver, il est nécessaire de se sentir solidaire du « monde des autres », d'une altérité précise, plus vaste que soi. Le moi, pour rester en harmonie avec l'*autre* virtuel qu'il contient en lui et tirer profit de celui-ci, devra se sentir solidaire des valeurs d'une famille, d'une religion, d'une nation, de l'humanité [29]. La notion d'un Dieu face auquel tous les hommes occupent une même position suffirait pour unir le moi aux autres dans la solidarité d'un rapport identique, et Ferron lui-même en reconnaît l'utilité. « [J]e commence à avoir idée de Dieu comme truchement nécessaire, » écrit-il dans *Du fond de mon arrière-cuisine* où, dans cette série de textes qui constitue son « eschatologie », il cherche entre lui-même et le

29. Mikhaïl Bakhtine, *Esthétique de la création verbale*, p. 160.

monde une conciliation possible. « L'idée m'ennuya beaucoup, ajoute-t-il, vu que je me crois athée [30]. » Dieu-le-Père n'exerce guère d'attrait. « Vieux sale », « vrai Amerloque », il est évoqué en des termes qui rappellent Papa Boss, son usurpateur et sosie. Quant au Fils, ce Christ de l'agonie, « principe de la mort individuelle, toujours solitaire [31] », Ferron se sent profondément attiré vers lui. « [I]l donne un sens à la vie qui pour chacun n'est que déperdition [32]. » Mais c'est la notion du Saint-Esprit, « principe du verbe, langagier suprême », qui semble offrir le plus solide truchement.

[I]l est la langue commune par laquelle l'inconciliable se rencontre et l'unique au monde, que la mort ronge du dedans, communique avec tous les autres que soi, que la vie multiplie par le dehors [33].

Ferron érige ainsi la langue en principe de solidarité et ne semble pas avoir conçu la notion, chère à Bakhtine, du « mot d'autrui », selon laquelle le principe d'altérité, l'interaction de différences, gouvernerait jusque dans nos actes langagiers les plus quotidiens [34]. D'où son attachement aux « mots de tous », à tout ce qui dans la langue unit, plutôt qu'à ce qui en elle sépare. D'où un sentiment aigu de ce qui constitue dans une communauté donnée sa vulnérabilité. Il suffira en effet d'une vulnérabilité pour qu'à ce principe de la langue Ferron rattache, dans un « autre fragment » de sa série eschatologique (et dans des termes maintenant désacralisés), celui de la complicité. Et c'est ce principe qui lui permettra de

---

30. « Le verbe s'est fait chair — on manque de viande », *Du fond de mon arrière-cuisine*, p. 144.

31. *Les Confitures de coings et autres textes* (Montréal, Éd. Parti pris, 1972), p. 141.

32. « Dieu et ses scribes », dans « La descente de la croix selon Monsieur Camus, auteur de *L'Étranger* », *Du fond de mon arrière-cuisine*, p. 151.

33. *Du fond de mon arrière-cuisine*, p. 151-152.

34. Mikhaïl Bakhtine, *Esthétique de la création verbale*, p. 363-365.

concevoir la notion d'un « moi québécois » et de préciser celle de *peuple* et de *pays*.

> Que le moi québécois soit sans profondeur et qu'on n'y descende pas sans couler dans la nationalité [...] c'est le seul usage intelligent qu'on puisse en faire en ce pays.

Et plus loin :

> Pour que le moi soit vivable et que, tout en restant solitude, il soit foule, il soit peuple, il faut lui adjoindre une autre théorie, celle de la complicité.

Pour être complice, dit-il, il n'est même pas nécessaire de connaître l'autre, de savoir qui il est. Il suffit d'entendre son pas :

> « Un tel ? Je ne connais pas ou si peu.» Mais quand je fais mon pas il fait le sien et quand il y va du sien, j'emboîte le mien. C'est tout. L'air de rien, cela peut devenir l'amitié secrète de tout un peuple pour lui-même. Elle seule compterait, le reste ne serait que feintes et parades [35].

Ferron découvre ainsi la seule conciliation possible entre le moi et les autres, le seul rapport qui ne soit ni fallacieux, ni aliénant, et qui en plus soit générateur de projets. Ce « fragment » sur la complicité, incorporé dans *Du fond de mon arrière-cuisine,* mais datant en réalité de 1965, permet à Ferron d'intégrer à sa théorie du moi la notion de pays. Mais cette notion, l'œuvre la contenait depuis longtemps déjà.

Le pays est au cœur même de l'œuvre de Ferron. On l'a souvent dit. Mais le pays n'est qu'un aspect d'un réseau plus large par lequel le moi cherche à communiquer avec toutes les formes de l'altérité. C'est le pays comme altérité qui a retenu mon attention, et dans ce contexte certains détails m'ont paru, à la relecture, particulièrement significatifs. Que le pays offre, en l'absence de Dieu, la possibilité d'une médiation active, était déjà révélé dans *Les Grands Soleils* par la présence des fleurs,

---

35. « Autre fragment », *Du fond de mon arrière-cuisine*, p. 185-188.

qui rappelaient par leur nom et par leur forme le soleil —
« œil » de Dieu — de là croix celtique [36]. Elles s'assimi-
laient à un regard total qui englobait les personnages et
les constituait en collectivité. À ce regard actif s'op-
posent à travers l'œuvre ceux du Diable et de Papa Boss,
signifiant tous deux dépossession, absence de pays. Et si,
dans *La Nuit*, François Ménard se libère, après avoir
déjoué le Diable et tué Frank, c'est qu'il a redécouvert par
la mémoire une série d'altérités emboîtées les unes dans
les autres. La dernière de la série, au centre par conséquent de tout, se trouve être le pays (« ma foi, ma jeu-
nesse, mon enfance, mes parents, mon pays [37] »). Et la
reconquête de soi coïncidera dans ce roman avec la reprise
politique du pays. (À la fin de sa nuit, François croise un
jeune Effelquois, le pinceau à la main. Au matin, « le
poteau indicateur port(e) correction [38]. ») Se conjuguent
ainsi deux victoires, deux libertés.

Mais la mort, comme la vie, s'associera à la notion de
pays. Dans *La Charrette*, la précarité du moi rejoint celle
de la collectivité.

À l'inévitable soi, à la nécessaire communauté il avait fait
sa soumission et juré foi, encore chanceux de vivre dans un
pays contesté, voire en perdition, car il n'en avait pas été le
parasite, sous l'impression, luttant pour lui, de le vouloir
vraiment ce pays. Il ne parlait alors qu'à la première personne du pluriel. Puis quand il s'était fatigué de parler ainsi
au-delà de ses moyens de simple particulier, il se rendit
compte que sa volonté ne serait pas faite et ressentit la perdition de son pays comme la sienne propre [39].

La mort de l'individu est inséparable ici de celle du
pays. (C'est sans doute pourquoi, le moi et le pays étant
redevenus problématiques, le Diable et Frank seront à
nouveau invoqués.) Et chez Ferron, par cette interdépen-

---

36. « Le moi crucifiant », *Du fond de mon arrière-cuisine*, p. 134.
37. *La Nuit* (Montréal, Éd. Parti pris, 1965), p. 61.
38. *La Nuit*, p. 134.
39. *La Charrette*, p. 140.

dance du moi et du pays, sera mise en jeu, non seulement l'existence de l'individu, mais celle de l'œuvre aussi.

Dans *La Nuit*, l'auto-représentation de François (le récit de son aventure, sa mise en forme esthétique) a lieu au moment où le pays devient une réalité pour lui. Pour Ferron aussi le pays est cet autre dont la complicité rend possible l'activité esthétique. C'est l'altérité validée par le moi qui, dès les années cinquante, permet à l'œuvre de se fonder. Et de quelque angle que l'on cherche à l'aborder, cette œuvre semble être conçue sous le signe de la complicité. Comme celle de François, l'activité de Ferron pourrait, je crois, être qualifiée d'essentiellement biographique (faire le récit d'un *moi* individuel et celui d'un *moi* collectif). Et cette activité se fera de plus en plus difficile à mesure que paraîtra se dissoudre la complicité.

Car elle se dissout à la fin, et de l'extérieur en partie, par le regard de ceux qui refusent de valider du dehors le pays (la désillusion est grande qui suit la crise de 1970). Elle se dissout surtout de l'intérieur, à la suite d'un sentiment d'indignité et de culpabilité (le moi aurait manqué à son devoir vis-à-vis des descendants, des jeunes du pays ; « Les salicaires » sont à cet égard un texte-clé). Et c'est par le Référendum de 1980 que l'échec sera soldé. Le « non » des Québécois (Ferron en avait démasqué l'« alias » dans son texte pré-référendaire tout empreint d'humilité, de désespoir et de dignité [40]), ce « non » précipite le néant, éloigne définitivement le pays-altérité. Sans la grâce du pays, le moi et l'autre seront désolidarisés. Plus la désolidarisation sera marquée, plus la fiction se fera difficile, le récit comme tel aussi. (La fiction serait-elle l'ultime réussite d'objectivation, l'ultime transfert du moi dans le monde des autres ?) Plus la séparation du moi et de l'altérité sera prononcée, plus le moi se tournera vers le moi pour se prospecter et se

---

40. « L'alias du non et du néant », *Le Devoir*, 19 avr. 1980, p. 21.

confesser, se désolidarisant de son *autre* intérieur — son « il », son « vous » — précipitant l'ultime conflit.

J'ai déjà rappelé la belle complicité de *La Nuit*. Celle des *Confitures de coings* est, je crois, plus problématique. Cette œuvre paradoxale se rattache plutôt à la période de la désolidarisation. Et cela malgré la prise de position plus vigoureuse contre l'Anglais (signalée par le titre, justifiée par l'« Appendice »), malgré la solidarité véhémente qui est affichée, malgré la fable, préservée dans sa quasi-totalité (seul le jeune Effelquois aura été supprimé). *Les Confitures de coings* sont, avons-nous dit, « une *Nuit* revue à la faveur d'une nouvelle lucidité », et la « correction » la plus significative n'est pas, à mon avis, celle qui modifie la perception de l'Anglais, mais la longue digression sur le rapport du moi aux autres introduite au début et rappliquée çà et là dans le texte. Les passages de théorisation se rattachent aux essais de *Du fond de mon arrière-cuisine*, dont ils développent surtout deux aspects, à savoir, l'impossibilité de communiquer avec l'autre et le danger qui guette celui qui tentera de se mettre en dehors de lui-même pour se percevoir dans le regard d'autrui. Tout cela permet sans doute de mieux comprendre l'aventure de François, qui paraît surtout comme la libération d'un être soumis à une altérité-autorité. (Dans une phrase des *Confitures de coings* qui ne paraît pas dans *La Nuit*, François se percevra comme « le simulacre anglais de (lui)-même [41] ».) La notion de l'aliénation est renforcée, explicitée. Mais à la notion de reconquête, si claire dans *La Nuit*, viendra s'ajouter la solitude irréversible du moi, coupé non seulement de l'autre, mais de la connaissance de soi. Maski allait dire : « Un homme qui croit se connaître est un grand ignorant sentencieux [42]. » Le François des *Confitures de coings* est déjà plus près de Maski que du François de *La Nuit*. Que

---

41. *Les Confitures de coings et autres textes*, p. 56.
42. *L'Exécution de Maski*, p. 24.

Ferron sabote à l'intérieur de l'œuvre les relations québéco-anglaises, voilà qui semble être acquis. Mais a-t-on remarqué à quel point la victoire de François est, elle aussi, minée ? Une seule variante suffira à le démontrer. À la gravité et la simplicité de cette affirmation : « J'avais sans doute retrouvé mon âme [43] », aura succédé le tourment de celle-ci : « J'avais sans doute retrouvé mon âme, ce passeport de la mort, crucifié à moi-même au milieu d'un pays déjà fictif [44]. »

Un pays déjà fictif... Si *La Chaise du Maréchal-ferrant* et *Le Saint-Élias,* témoignent encore d'un espoir et d'une confiance accumulés, *Gaspé Mattempa* est à bien des égards un adieu au pays, le pays salué une dernière fois avec nostalgie, la division de l'être admise. Dans *Gaspé Mattempa* et *L'Exécution de Maski,* au pays, garant d'harmonie, se substituent les seules valeurs qui restent — celles de l'œuvre, précaire, mais qui tiendra déjà lieu de vie. « J'avais besoin d'écrire pour vivre [45]. » Et c'est l'œuvre qui fournira ainsi les termes du dernier dédoublement, réduite, comme le moi, à son auto-référentialité. Mais avec la perte du pays, la foi en l'œuvre s'est affaiblie, laissant vulnérable le moi, l'écriture sans appui solide. Cette écriture, dont les fondements, dès « Les salicaires », avaient été ébranlés, ne serait-elle pas la plus belle, l'ultime manifestation de la « folle tentative » ? Et si je me plais à relire aujourd'hui les textes où rayonne encore la confiance en son action salvatrice, je reste surtout saisie par le doute qui s'exprime : et si l'œuvre n'avait rien accompli ? Y a-t-il, en effet, dans toute l'œuvre de Ferron, de moment plus émouvant, plus déchirant, que celui où le moi des « Salicaires » se sait vu et jugé par d'autres écrivains, ceux-là même auxquels il s'était auparavant, avec une certaine hauteur, mesuré ?

---

43. *La Nuit,* p. 102.
44. *Les Confitures de coings et autres textes,* p. 81.
45. *L'Exécution de Maski,* p. 36.

Si Ferron abandonne ainsi, vis-à-vis de Claude Gauvreau, de Sauvageau et du jeune poète anonyme, son indemnité d'auteur, invoquant, entre écrivains, la réciprocité du regard, s'il fait en sorte qu'à l'intérieur de l'œuvre l'autre surgisse et le circonscrive, c'est qu'il ne saurait se passer de lui. S'il imagine la confrontation de la scène du tombereau [46], c'est qu'il la sait nécessaire, comme François savait nécessaire le rendez-vous nocturne avec Frank. Chez Ferron, l'écriture est toute imprégnée de cette nécessité. Je ne connais pas d'œuvre où l'interaction avec l'autre, à la fois redoutée et désirée, soit plus rigoureusement, plus consciemment représentée. Et je ne connais pas d'œuvre qui elle-même sollicite et requière avec plus d'urgence et d'humilité le regard du lecteur qu'en l'occurrence je suis.

Et si le lecteur était l'ultime recours ? Continuant d'écrire, Ferron, implicitement, ne cesse de compter sur lui. Ne serait-il pas, cet autre — solitaire, anonyme, complice — la seule altérité qui ne soit pas niée ? La lecture ne serait-elle pas, à la fin, le seul rapport qui ne s'avère pas miné ?

Cette œuvre-là n'a cessé de m'interpeller. Je l'ai lue et je l'ai traduite en partie. Lire, traduire — étrange travail de circonscription au cours duquel j'ai découvert, figuré par d'étranges mises en abyme, le jeu d'altérité auquel moi-même je participais.

---

46. « Les salicaires », *Du fond de mon arrière-cuisine*, p. 269-279.

LECTURE,
TRADUCTION,
ALTÉRITÉ

L'on ne sort jamais vraiment de soi-même. Les
« asymétries », les « jeux d'altérité », par lesquels l'on se
précise, ont tous lieu à l'intérieur même de la conscience
du moi. Si l'autre me circonscrit, ce qui importe c'est que
je me voie comme circonscrite, que je me voie par lui circonscrite, que je sois donc en même temps moi et lui. Son
regard qui me perçoit du dehors reste, vécu comme il l'est
par moi, soumis à ma subjectivité. Tout ce que j'ai appelé
subjectivité de l'œuvre figure la subjectivité de l'interhumain tel que nous le vivons dans la réalité. Et tous les
rapports, toutes les interactions à l'intérieur de l'œuvre
de Ferron sont à cet égard subjectifs. J'ai parlé à propos de
l'Anglais d'une interaction « contrôlée ». Il s'agit, en
effet, d'interactions s'engageant à l'intérieur d'un même

moi, initiées et contrôlées par lui. Tous les Anglais de l'œuvre sont à cet égard subjectifs, sortis de la conscience de Ferron, selon un processus d'identification, de fascination, d'appropriation, hautement intéressé. Ce qui explique les liens étroits qui les rattachent toujours à un Québécois : Frank à François, Elizabeth à Chénier, et, oui, j'en suis convaincue maintenant, Ann au narrateur de son livre. C'est pourquoi il ne serait pas faux d'affirmer que tous les Anglais de l'œuvre sont dans une certaine mesure des reflets de l'auteur lui-même.

L'interhumain est donc nécessairement limité. D'où les nécessaires limites de toute œuvre, qui peut s'ériger, comme chez Ferron, contre sa propre subjectivité, contre un moi omniprésent et ses limites. D'où la nécessité d'être lu et la notion, chère à la critique contemporaine, d'une lecture constitutive de l'œuvre et éminemment active.

L'œuvre, insistera Barthes, n'existe que dans la mesure où elle est lue. C'est ce qu'avait affirmé Sartre aussi, qui écrivait dès 1948 :

Tout ouvrage littéraire est un appel. Écrire c'est faire appel au lecteur pour qu'il fasse passer à l'existence objective le dévoilement que j'ai entrepris par la littérature [1].

Pour Bakhtine aussi, l'œuvre est aspiration et tend vers le lecteur, qui lui assurera son achèvement. Bakhtine insiste beaucoup sur le « surplus de vision », condition nécessaire de la compréhension et de la lecture productive. Il insiste aussi sur la notion de co-créativité. L'activité du lecteur co-créateur consisterait d'abord à reconstituer la vision de l'auteur, à recréer le tout de

---

1. Jean-Paul Sartre, *Qu'est-ce que la littérature ?* (Paris, Gallimard, 1948), p. 59.

l'œuvre selon la perspective de celui-ci, et ensuite à soumettre ce tout à sa propre vision exotopique [2]. Plus le surplus est grand, plus la lecture sera créatrice et bénéfique. Les lectures les plus précieuses sont les lectures les plus éloignées. Et cet éloignement peut être spatial, temporel, culturel [3].

Mais la lecture variera aussi selon l'œuvre. Pour Sartre la lecture de la prose serait plus active que celle de la poésie, qui exigerait un rapport plutôt passif. Pour Bakhtine le rôle du lecteur varie, comme à l'intérieur de l'œuvre le rapport de l'auteur au « héros » varie. Il insiste sur le rôle spécial joué par le lecteur de l'œuvre de confession ou de type biographique :

> La biographie, de même que la confession, renvoie au-delà de ses propres frontières. La biographie est profondément confiante [...] elle présuppose une activité bienveillante qui s'exerce en sa faveur du dehors [4].

Le lecteur de ce type d'œuvre compenserait, semble-t-il, la lacunarité des positions de l'auteur, introduirait un principe d'achèvement qui autrement ferait défaut. Plus l'exotopie de l'auteur serait défaillante (dans le cas de la confession elle serait presque inexistante), plus l'œuvre exigerait de la part du lecteur une participation aimante, active.

Ainsi toute œuvre appelle une lecture. Et cette lecture sera plus ou moins suppléante, plus ou moins active. Mais avant de s'en remettre définitivement à l'*autre-lecteur*, toute œuvre opère elle-même une lecture, des

---

2. Mikhaïl Bakhtine, *Esthétique de la création verbale*, trad. du russe par Alfreda Aucouturier, préf. de Tzvetan Todorov (Paris, Gallimard, 1984), p. 365.

3. Mikhaïl Bakhtine, *Esthétique de la création verbale*, p. 347-348, et p. 361.

4. Mikhaïl Bakhtine, *Esthétique de la création verbale*, p. 171.

lectures. Ce sont les lectures qui, tissées à l'écriture, donnent lieu aux différentes formes de l'intertextualité. Ce sont les lectures sans lesquelles il ne saurait y avoir d'écriture. Car la lecture est l'autre face de l'écriture. L'écriture est la trace visible d'une lecture opérée à même un texte (des textes) de départ. Le texte de départ peut être la littérature (ce « livre » à l'échelle du monde que Ferron appellerait « Bible »), ou un ensemble de discours idéologiques, ou la langue elle-même (ce que Foucault appelle « le langage déjà dit, le langage comme étant déjà là [5] »), ou encore, si l'on prétend que c'est la vie, c'est la vie déjà filtrée à travers l'expérience de ceux-ci. Car « nous vivons (c'est encore Foucault qui le dit) dans un monde dans lequel il y a eu des choses dites [6]. »

Si le texte de départ est littéraire, il variera à l'infini. Il s'agira peut-être de textes précis d'un autre écrivain, que l'auteur assimile ou détruit de manière implicite, ou dont il fait une interprétation explicite. Il peut s'agir également d'un auteur se répondant et s'interrogeant par un dialogue implicite avec ses propres textes, ou se faisant, par ses commentaires, le lecteur explicite de ceux-ci. Dans le dernier cas, en plus d'intertextualité, l'on peut évoquer la notion d'auto-réception ou de réception anticipée.

L'on a déjà parlé, mais il resterait beaucoup à dire, du Ferron lecteur des autres (parmi ceux-ci figurent de

---

5. Michel Foucault (propos recueillis par Charles Ruas), « Archéologie d'une passion », *Magazine littéraire*, n° 221, juill.-août 1985, p. 100-105. — Je dois cette référence à Jacqueline Guillemin-Flescher, « Le linguiste devant la traduction », *Fabula*, n° 7, 1986, numéro intitulé *Traduire*, p. 59-68.

6. Michel Foucault, « Archéologie d'une passion », p. 102.

nombreux écrivains anglais [7]) et lecteur de lui-même aussi. Cette lecture de lui-même ne constitue pas nécessairement une réception explicite, les textes se renvoyant les uns aux autres par une lecture interne, implicite. Mais il arrive que Ferron analyse ses propres textes, les expliquant après coup, en orientant l'interprétation, y ajoutant un fond théorique ou polémique. La « nouvelle lucidité », à la faveur de laquelle *La Nuit* se corrige, distinguerait l'auteur de 1972 de celui de 1965. Le temps, ayant modifié la perception et distancié l'auteur par rapport à lui-même, lui accorderait le « surplus de vision » qui justifie son passage du côté de la réception. Car il n'est plus alors l'auteur, mais *l'auteur-récepteur*. Sa réception n'en est pas moins subjective. Elle rejoint en ceci une autre réception anticipée, subjective, cette lecture à même l'écriture qu'accomplit au fur et à mesure *l'autre* imaginé. Pour Sartre cet *autre*, ce destinataire, serait le contemporain de l'auteur, intériorisé en quelque sorte par celui-ci [8]. Et son action serait déterminante. Mais pour Bakhtine cette lecture-là serait non loin d'être futile, une abstraction tautologique, car sans « surplus de vision » il ne saurait y avoir lecture — même imaginée. Sans « surplus », toute lecture serait improductive...

C'est pourquoi Bakhtine, pour suppléer à la notion de « destinataire », introduit celle d'un « sur-destinataire ». Le sur-destinataire bakhtinien est le lecteur dont l'auteur conçoit la nécessité, celui qui lui assurera une

---

7. Voir, par exemple, « Translator's Note » de Ray Ellenwood, dans *Quince Jam* (Toronto, Coach House Press, 1977), p. 9, et l'article de Guy Monette, « Les poètes de la Confédération dans *Les Confitures de coings* de Jacques Ferron », *Voix et Images*, vol. VIII, n° 3, print. 1983, p. 421-426, et celui de Donald Smith, « Jacques Ferron et les écrivains », *Voix et Images*, vol. VIII, n° 3, print. 1983, p. 437-453.

8. Jean-Paul Sartre, *Qu'est-ce que la littérature ?*, p. 88.

compréhension « idéalement correcte ». S'il est un *sur*-destinataire, c'est qu'il a un excédent de vision qui fera que sa lecture sera supérieure, transcendante à l'œuvre et à la vision que l'auteur peut avoir d'elle. Cette transcendance (Todorov traduira « transgrédience ») est prévisible et désirable, mais l'auteur ne saurait prévoir en quoi exactement elle consiste. Le terme « sur-destinataire », chez Bakhtine, ne s'applique qu'au concept, tel qu'il peut s'intégrer dans le projet d'un auteur, où il correspond à une sorte d'instance suprême. Nous serions tous — lecteurs, critiques — des actualisations, des réalisations partielles de cette virtualité-nécessité. Mais si le lecteur réel est un sur-destinataire en puissance, Bakhtine insiste sur l'éloignement métaphysique ou historique que, consciemment ou inconsciemment, tout auteur souhaiterait pour son œuvre :

> Un auteur ne peut jamais s'en remettre tout entier, et livrer toute sa production verbale à la seule volonté absolue et définitive de destinataires actuels ou proches (on sait que même les descendants les plus proches peuvent se tromper), et toujours il présuppose (avec une conscience plus ou moins grande) quelque instance de compréhension responsive et qui se situe au-dessus de tous les participants du dialogue (les partenaires) [9].

Le surplus du sur-destinataire est sans doute, dans l'architectonique de l'œuvre, ce qui ressemble le plus à l'exotopie divine. L'ambition de Notaire avait été de rester « en dehors de mon œuvre comme un dieu », avait été donc de vaincre la subjectivité. Mais à quoi aspirait-il au fait ? Être en dehors de l'œuvre signifierait quoi ? Serait-ce atteindre l'exotopie vis-à-vis de l'autre, d'autres, se préoccuper de l'autre uniquement, le circon-

---

9. Mikhaïl Bakhtine, *Esthétique de la création verbale*, p. 337.

scrire comme une divinité ? Ou s'agirait-il toujours d'atteindre l'exotopie parfaite vis-à-vis de soi, de réussir l'illusion que « je » est un autre ? Quoi qu'il en soit, dans l'un et l'autre cas force est de constater une impossibilité. « Ce dieu-là, » dit Notaire, « n'était pas mon fait. » Mais de qui peut-il être le fait aujourd'hui ? Ne pourrait-on pas parler d'une « crise de l'exotopie » ? Sartre n'a-t-il pas rejeté comme immorale la notion d'un auteur au regard olympien ? Sarraute n'a-t-elle pas annoncé « l'ère du soupçon » ? L'exotopie divine de l'auteur, désirable encore pour certains, n'est-elle pas devenue irréalisable dans la pratique ? On ne sait que trop à quel point elle est problématique. Et ne pourrait-on pas rattacher la visibilité du lecteur dans le discours critique contemporain à cette défaillance de l'exotopie de l'auteur ? La tâche du lecteur ne serait-elle pas de parfaire et de compléter ce qui désormais s'avoue imparfait et incomplet ? Et si depuis quelque temps la lecture aussi s'avoue incomplète (le lecteur est soumis, au même titre que l'auteur, aux limites d'une subjectivité), il n'en reste pas moins qu'elle est, dans ses rapports à l'œuvre, objectivement autre, supérieure, exotopique.

Dans cette perspective, seul garderait un peu de divinité le lecteur. Ferron le sait d'instinct, qui semble s'en remettre à lui. Et, en effet, toute œuvre littéraire, ayant tenté toutes les combinaisons possibles, toutes les asymétries, soit par la fiction, soit par l'autobiographie, tend à se constituer en un tout autonome qui, une fois lancé dans le monde de l'autre, bénéficiera du regard exotopique d'autrui. Faire œuvre de littérature signifierait alors laisser des traces, laisser une concrétisation du mouvement vers autrui. Et cette concrétisation, offerte au regard du monde, peut être circonscrite et recirconscrite à

l'infini. L'auteur s'abandonne par l'œuvre à autrui. Il
n'abandonne pas pour autant son statut de sujet. Dans la
vision bakhtinienne il s'instaure alors, entre lecteur et
auteur, un rapport, non pas de sujet à objet, mais de sujet
à sujet. C'est ce qui s'appelle le rapport dialogique. Grâce
à lui l'œuvre provoquera à l'infini l'interaction dont l'être
est affamé.

La traduction serait une des interactions possibles
auxquelles toute œuvre invite. Bakhtine, qui insiste tant
sur les avantages d'une exotopie culturelle ou historique
(«Une culture étrangère ne se révèle dans sa complétude
et dans sa profondeur qu'au regard d'une autre
culture [10].»), Bakhtine, dis-je, ne parle pas, dans *Esthétique de la création verbale*, de l'exotopie qui est, en plus,
linguistique. Mais il va sans dire, je crois, que vue dans
la perspective bakhtinienne, la traduction, en plus de
remplir toutes les conditions de la lecture co-créatrice,
offrirait à l'œuvre un surplus « supplémentaire », particulièrement marqué, non seulement valable, mais
précieux et bénéfique. (La théorie littéraire de Bakhtine,
telle qu'elle est exprimée dans *Esthétique de la création
verbale*, déboucherait tout naturellement sur une théorie
de la traduction [11]. Il s'agirait sans doute, pour « découvrir » celle-ci, de rattacher la notion de lecture éloignée,
exotopique, au concept du « mot d'autrui », selon lequel
tout mot, toute énonciation, et ainsi toute œuvre litté-

10. Mikhaïl Bakhtine, *Esthétique de la création verbale*, p. 348.
11. Caryl Emerson montre dans « Translating Bakhtin : Does his
Theory of Discourse Contain a Theory of Translation ? », *Revue de
l'Université d'Ottawa / University of Ottawa Quarterly*, vol. LIII, n° 1, janv.-
mars 1983, numéro intitulé *The Work of Mikhail Bakhtin (1895-1975)*,
p. 23-33, que le concept de traduction est au cœur même de la pensée de
Bakhtine, même s'il estime que la notion de « théorie » est étrangère à la
démarche bakhtinienne.

raire, serait pour le récepteur une manifestation de l'altérité et réclamerait à ce titre une conversion en mot « étranger-mien » ou « mien-étranger [12] ».) Le surplus de la traduction constitue, il est vrai, un surplus non prévu dans le projet de l'auteur. Si toute œuvre est conçue pour être lue, il n'existe sans doute pas d'œuvre conçue précisément pour être traduite. Mais quel vrai surplus peut être prévu ? Le surplus idéal, nous l'avons déjà vu, est celui dont l'auteur conçoit la nécessité, mais dont la nature précise reste pour lui inconcevable. La traduction, cette « épreuve de l'étranger » (la formule est d'Antoine Berman [13]), me semble s'inscrire tout naturellement dans le mouvement de l'œuvre, dans la mesure même où elle est mouvement vers l'altérité.

Et pourtant, on craint la traduction. Certains auteurs, certaines cultures, certaines idéologies la proscrivent, l'évitent. Si on la craint ainsi, c'est sans doute que toute énonciation, comme la langue elle-même, vise non seulement une réception mais aussi, comme l'affirme Steiner, une dissimulation, et que la conversion serait une infraction au propre, au secret [14]. Et l'on conçoit à la limite un projet d'écriture où le traducteur serait une des versions possibles du lecteur imaginé de chacun, un récepteur prévu, oui, mais refusé, et ainsi, à l'intérieur de l'œuvre, négativement actif... Je ne peux m'empêcher de

---

12. Mikhaïl Bakhtine, *Esthétique de la création verbale*, p. 365 et 392.

13. Voir Antoine Berman, « La traduction comme épreuve de l'étranger », dans *Texte*, n° 4, 1985, numéro intitulé *Traduction / Textualité, Translation / Translatability*, p. 67-81. Berman est également l'auteur d'un livre, *L'Épreuve de l'étranger : culture et traduction dans l'Allemagne romantique, Herder, Gœthe, Schlegel, Novalis, Humboldt, Schleiermacher, Hölderlin* (Paris, Gallimard, 1984).

14. George Steiner, *After Babel : Aspects of Language and Translation* (Oxford / Londres / New York, Oxford University Press, 1975), p. 231.

penser ici à l'auteur polonais, Tadeusz Konwicki, qui conçoit son œuvre comme une manière de chiffre. Cette œuvre, écrite en Pologne, serait illisible ailleurs que sur les bords de la Vistule, résisterait naturellement à la traduction en langue étrangère. Mais elle résisterait aussi, nécessairement, au regard des proches et au regard de l'auteur, devenu lecteur de lui-même. Cet auteur refuse moins le déchiffrement qu'il n'y renonce. Il se résigne à ne pas être compris, du moins dans l'immédiat, et se voit obligé, pour compenser ce manque, d'invoquer un absolu, le *Wielki Sens*, ou « Grand Sens », réception par- faite indéfiniment différée, qui n'est pas sans rappeler la lecture du sur-destinataire de Bakhtine [15]. Konwicki n'exprime pas la peur d'être découvert, mais la certitude d'être mal compris. Et, en effet, si l'on se méfie de la tra- duction, c'est surtout parce qu'on la croit susceptible (par son surplus *non* prévu et, inversement, par sa lacunarité) de fausser l'œuvre et de la dénaturer.

Toute œuvre n'est-elle pas dans une certaine mesure « illisible » ? (C'est, je crois, la véritable conclusion de Konwicki.) Et le surplus et la lacunarité propres à la tra- duction sont-ils vraiment uniques ? Leur « différence » est-elle vraiment significative ? Ne pourrait-on pas dire que, d'une lecture à une autre, des différences (de surplus, de lacunarité) sont inévitables ? Que ces différences peuvent être considérées comme étant tout aussi dange- reuses ou salutaires les unes que les autres ? Que le surplus historique et culturel d'une époque peut être tout aussi radical que celui d'une langue étrangère ? Si l'on craint tant la lecture de la traduction, c'est sans doute parce qu'elle laisse des traces et que ces traces donnent

---

15. Tadeusz Konwicki, *Kompleks Polski, Index on Censorship* (Londres, coll. ZAPIS n° 3, 1977), p. 21-23.

lieu à un nombre incalculable de lectures successives. En communiquant à d'autres une distorsion, la traduction risquerait de l'éterniser. La responsabilité est grande, en effet, et l'engagement du traducteur relève, non pas d'une présomption, mais le plus souvent, d'une humilité. La traduction a reconnu, avant toute autre lecture, ses limites. Elle ne s'est jamais prétendue définitive. La traduction est une lecture qui sait d'avance qu'elle sera refaite. Et elle rejoint en cela la lecture critique. Elle prend aussi sa place au premier rang des lectures modernes, parmi toutes celles qui affichent leur ouverture et leur lacunarité. Parfaire, achever, sans pour autant clore ou terminer, s'inscrire dans un processus vital qui ne saurait avoir de fin, telle est, depuis toujours, l'ambition toute moderne de la traduction.

Mais si l'on craint la traduction, c'est aussi parce qu'elle est perçue comme agressive. Réfléchir sur la traduction, c'est se buter tôt ou tard sur le concept d'une appropriation agressive. L'appropriation est comprise dans la notion d'exotopie et d'encadrement. Entourer l'autre de sa vision, c'est le circonscrire déjà et le faire sien. Et cette circonscription peut acquérir des connotations négatives. Steiner insiste beaucoup sur la violence (vol, rapt, viol) de l'appropriation et conçoit dans son herméneutique de la traduction une étape de « restitution » qui compenserait les dommages infligés au départ par celle-ci [16]. Il n'est pas étonnant que l'on en soit venu à craindre une telle agression. Le refus de la traduction serait, à bien des égards, un réflexe d'auto-protection, une tentative pour repousser les avances d'un *autre* agresseur. Il n'est pas étonnant non plus que dans certaines condi-

---

16. George Steiner, *After Babel : Aspects of Language and Translation*, p. 300, 395-413.

tions l'exotopie d'un groupe donné de lecteurs devienne insupportable du fait que la « supériorité » (provisoire) qu'elle implique doublerait une « supériorité » culturelle ou politique (perçue ou de fait). La lecture-traduction opérée par tout *autre* associé de loin ou de près à une action ou à une volonté colonisatrice serait alors automatiquement indésirable, suspecte. L'opération inverse (traduire cet autre) le serait aussi.

Tout surplus est-il nécessairement bénéfique ? Bakhtine ne parle pas de ces situations d'inégalité ou de conflit. Compromettraient-elles l'idéal de l'interaction dialogique ?

L'appropriation-agression sur laquelle Steiner a tant insisté est à la base de toute une discussion canadienne et québécoise (E. D. Blodgett a fait le point là-dessus il y a quelques années [17]). Du côté québécois, comme du côté canadien-anglais, les fervents de la traduction tendent à évacuer la notion d'appropriation de toute son agressivité. Pour Jacques Brault il s'agirait de « traduire, oui, mais sans traduire [18] », en un mot « nontraduire ». Et il explique :

Nous n'aimons ni traduire ni être traduits. Et nous n'avons pas toujours et pas tout à fait tort. Les clefs de la traduction appartiennent aux puissants. S'il n'y a pas de langue mondiale, il y a des langues colonisatrices. Nous l'éprouvons durement, chaque jour. Mais cette épreuve aurait dû, devrait nous aiguiser l'appétit de la création. Nontraduire, ce n'est ni

17. E. D. Blodgett, « How Do you Say " Gabrielle Roy " ? », *Translation in Canadian Literature : Symposium 1982*, s. la dir. de Camille R. La Bossière (Ottawa, Les Presses de l'Université d'Ottawa / University of Ottawa Press, 1983), p. 13-34.
18. Jacques Brault, *Poèmes des quatre côtés*, Saint-Lambert (Québec), Éd. du Noroît, 1975, p. 32.

prendre, ni laisser prendre, c'est composer, marchander, négocier. À défaut de vivre, je préfère survivre à sousvivre [19].

Il ne s'agit pas d'annexer l'autre en le traduisant, mais de devenir son hôte :

> Surtout ne pas imiter, je le sais bien, ne pas faire semblable (semblant), ne pas apprivoiser cette langue étrangère qui retentit en ma langue comme des cris d'animaux sauvages, comme une liberté à l'état nu [20].

La « nontraduction » de Brault semblerait viser, non pas, ou non seulement l'interaction d'altérités, mais, à la longue, l'élimination ou le dépassement de la notion même d'altérité :

> À la fin, si la nontraduction parvenait à réaliser (non pas à résoudre) la contradiction d'être, le même et l'autre ne formeraient qu'un seul. Je ne serais plus un autre. Ni appropriation, ni désappropriation, le tiers exclu de deux textes émergerait de son exclusion et par la force des choses signifiantes exclurait même les termes de son inter-langue. Ce texte non écrit, non parlé, voilà ce que vise la nontraduction [21].

(Et ce « texte » libéré qu'évoque Brault fait penser au « pur langage » en amont de toutes les langues que, selon Walter Benjamin, le traducteur aurait pour mission de révéler [22].)

Pour Doug Jones, par contre, la notion d'altérité serait à la base de la justification de la traduction :

---

19. Jacques Brault, *Poèmes des quatre côtés*, p. 16.
20. Jacques Brault, *Poèmes des quatre côtés*, p. 32.
21. Jacques Brault, *Poèmes des quatre côtés*, p. 70.
22. Voir Walter Benjamin, *Die Aufgabe des Übersetzers*, texte à partir duquel se fait l'essai de Jacques Derrida, « Appendix : des tours de Babel », dans *Difference in Translation*, s. la dir. de Joseph F. Graham (Ithaca [New York] / Londres, Cornell University Press, 1985), p. 209-248.

> *Why do we translate Quebec poetry? Because, in a sense, we have been asked to. It is an immediate response to the cry to be heard, to be recognized, to be given existence in the eyes of others* [23].

Et plus loin :

> *If we translate Quebec poetry so that Quebeckers may exist, we do so as well so that we may exist. Any genuine intercourse is reciprocal, reinforcing our existence, providing a heightened and more articulate sense of our own identity — of one's self and the other* [24].

Malgré leurs différences, Brault et Jones mettent tous deux l'accent sur l'échange, sur la réciprocité et l'enrichissement mutuel. Les dangers du refus de traduire seraient plus grands que ceux, réels ou imaginaires, de la traduction elle-même. « Car, dit Brault, ne sont traduits que ceux qui traduisent [25]. »

Pour ma part, je *veux* concevoir, et je conçois sans difficulté, une traduction-appropriation *non* agressive. J'ai lu tous ces auteurs, mais c'est encore chez Bakhtine (c'est d'ailleurs ce qui m'a d'abord attirée vers lui) que j'ai trouvé la notion d'une compréhension nécessairement sympathique (même la compréhension comporte pour Steiner violence et agressivité) et d'une appropriation aimante et responsive, semblable à celle qui caractérise les actes d'amour et de pardon [26]. C'est ainsi, même s'il ne parle pas explicitement de traduction, que j'invoque en premier lieu Bakhtine pour justifier et valider la mienne. Le faire, c'est, je crois, reconnaître une qualité essentielle

---

23. Doug Jones, « Grounds for Translation / Raisons d'être de la traduction (trad. par Joseph Bonenfant) », *Ellipse*, n° 21, 1977, numéro intitulé *Traduire notre poésie / The Translation of Poetry*, p. 78.

24. Doug Jones, « Grounds for Translation », p. 80.

25. Jacques Brault, « Remarques sur la traduction de la poésie », *Ellipse*, n° 21, 1977, p. 28.

26. Mikhaïl Bakhtine, *Esthétique de la création verbale*, p. 102.

de l'œuvre de Ferron qui, nous l'avons vu, recherche activement, obstinément, même désespérément, l'inter-action avec autrui. J'inscris ma traduction dans un pro-cessus d'interaction désirée, infinie.

Et comment oublier que ma traduction est anglaise ? Comment ne pas invoquer encore, pour la légitimer, l'ambition d'une œuvre qui, malgré une menace réelle, a privilégié le regard anglais ? J'ai déjà évoqué l'inlassable recherche d'une exotopie anglaise qui se poursuit à l'inté-rieur de l'œuvre. Mais tout n'étant que simulation et expérimentation subjective, seule l'intervention d'un lecteur réel de langue anglaise résultera en une exotopie anglaise authentique et objective. En ce sens l'œuvre m'appelle, appelle le traducteur anglais et valide sa tra-duction. La traduction réelle de l'œuvre par l'Anglais, son appropriation créatrice (par moi ou par d'autres), me semble logique, une des réceptions possibles vers lesquelles tend l'œuvre. La traduction s'inscrirait tout naturelle-ment dans le mouvement de l'existence de celle-ci. L'œuvre ayant figuré tant de jeux d'altérité, il semble normal qu'elle se soumette elle-même à cette réception par l'altérité. On s'étonnerait presque de ne pas trouver à l'intérieur de l'œuvre, au niveau des personnages, en com-pagnie de l'Anglais narrateur et de l'Anglaise lectrice, un Anglais traducteur aussi, tant les appropriations par la conscience anglaise paraissent nécessaires et désirées. Je n'oublie pas que ces appropriations, comme les person-nages eux-mêmes, peuvent être problématiques et donner lieu à des récupérations ou des mainmises. Mais je note avec intérêt que, de toutes les exotopies anglaises, la seule qui ne soit pas mise en cause est celle d'une lecture et que cette lecture est « éloignée ». En l'absence de toute ré-flexion ou de toute affirmation explicite de la part de l'auteur, et en me fondant uniquement sur ce que l'œuvre a su me révéler d'elle-même et de ses propres pulsions, je crois pouvoir affirmer que la traduction anglaise ne menace pas l'intégrité d'une œuvre dont l'un des éléments principaux s'avère être l'interrelation dynamique (nécessairement imprévisible) de deux altérités ethniques. (Et ici je ne parle pas de la qualité — variable, évidemment — de traductions précises, mais plutôt d'un idéal, d'un principe.) Il va sans dire que l'œuvre sera changée et qu'elle le sera même (et surtout ?) dans ce qu'elle comporte d'anglais. La disposition des rapports français-anglais à l'intérieur d'un texte sera nécessairement modifiée lors de la prise en charge de la narration par la langue anglaise. L'assimilation espiègle des *mots de l'autre* perdra, nous l'avons déjà vu, sa force de victoire française, comme dans *Le Ciel de Québec* la narration québécoise (et obligatoirement française) de Frank / François perdra la sienne. Il en va de même, sans doute, de tout ce qui est détournement textuel ou citation explicite de l'anglais. La traduction résultera nécessairement en un affaiblissement ou une intensification de certains éléments, bref, en un changement d'équilibre. Ce changement est-il une distorsion ? Parfois, sans doute. Mais ne serait-il pas parfois, comme dans le cas de la « voix anglaise » des *Roses sauvages*, la réalisation d'une virtualité ? S'il y a risque, cette œuvre me semble l'anticiper, en accepter le défi.

Je saisis enfin chez Ferron un autre principe qui, après toutes les exigences du particulier et du pays, permet, sans contradiction aucune, de situer la création de l'œuvre (et sa co-création aussi) dans un espace-temps qui transcende les limites d'un contexte historique :

Un écrivain sans un peuple, c'est une sorte d'escogriffe de chimère[27].

Certes. Mais aussi :

Le pays m'a paru incertain et mon idée a été la suivante : assurer sa pérennité, ensuite ne plus y penser, écrire en paix, sans souci du pays, comme cela se fait dans les pays normaux[28].

Et enfin :

[...] on écrit à un niveau qui n'est pas sujet aux lois de la société pour la bonne raison qu'on écrit en dehors de toute société et qu'on sera lu par un solitaire de même acabit, non pas par un citoyen : par un complice. C'est pour lui seul qu'on écrit[29].

Ayant fait mien ce principe, selon lequel l'écriture et la lecture se poursuivraient « en dehors de toute société », je conçois et imagine une nouvelle complicité, au-delà de celle à laquelle l'œuvre de Ferron pouvait d'abord renvoyer, une complicité qui n'a plus rien de national, qui n'est plus ni québécoise, ni canadienne, ni autrement collective, mais simplement et pleinement créatrice, une complicité de deux êtres, enracinés, certes, dans une collectivité, mais la transcendant aussi, et qui relève de la cocréativité esthétique. La traduction, elle aussi, participerait de cette complicité. Si auteur et traducteur sont tous deux complices, c'est que celui-ci, en plus de la cocréativité que toute lecture implique, laisse des traces, convertit sa lecture en une écriture visible et explicite, reprend et reconstitue le processus que celui-là, avant lui,

---

27. Cité dans Jean Marcel, *Jacques Ferron malgré lui* (Montréal, Éd. du Jour, 1970), p. 20.

28. Jean Marcel, *Jacques Ferron malgré lui*, p. 19.

29. « D'un chapeau pointu », dans « La soupière » (suite à « La descente de la croix »), *Du fond de mon arrière-cuisine*, p. 175.

avait entrepris. Complice déjà par la lecture, la traduction l'est, doublement, par les traces, par l'écriture, dont elle découvre toutes les exigences. Ainsi, je me plais, en escamotant dans un dernier temps toute la problématique de l'appropriation et de la circonscription, à situer mon activité de traductrice sous le signe de la complicité... En dehors de toute société, la traduction, cette belle complicité...

Et l'auteur ? Du temps qu'il vivait, qu'en était-il de lui ? S'il y a complicité, y a-t-il eu collaboration aussi ? Ferron a-t-il participé activement à la traduction de ses livres ? C'est une question que l'on pose souvent aux traducteurs, et qui souvent m'a été posée. Eh bien, oui, il y a eu collaboration, mais au sens seulement d'une approbation, d'une reconnaissance, d'un respect, et non pas, ou si rarement, dans le menu détail. Il m'arrivait de me renseigner auprès de lui au sujet de mots obscurs (le *portuna*, le *plein*, la *pagée*, l'*honorée* [30]) et de mots moins obscurs, dont le sens précis ne m'était pas donné par le texte. Dans le premier cas ses yeux (et ses lettres, s'il m'écrivait) s'illuminaient de la passion du lexicologue-collectionneur de mots qu'il était. Mais dans le deuxième cas, celui du mot en apparence banal, dont j'avais besoin pour reconstituer, non pas une image, une métaphore, mais un décor, un contexte, une situation concrète, mes questions, je crois, l'ennuyaient. Non que les problèmes le laissaient indifférent. Au contraire, il s'en préoccupait. (« Ah ! si j'avais su le trouble que vous causerait ce mot-là je ne l'aurais pas écrit ! ») Mais il ne pouvait pas et ne voulait

---

30. Tous ces mots se trouvent dans les *Contes* : le *portuna* (« Une fâcheuse compagnie », « Les Méchins ») ; le *plein* (« Une fâcheuse compagnie », « Chronique de l'anse Saint-Roch ») ; la *pagée* (« Servitude ») ; l'*honorée* (« Cadieu »).

pas entrer dans tout ce que la traduction comporte de fastidieux, de minutieux et d'apparemment mesquin. Je me souviens d'un exemple précis.

Dans le conte « Le chien gris », il y avait Peter Bezeau, petit *seigneur* de la Gaspésie, opposé, avant de mourir et de lui céder la place, à son *commis.* Il y avait aussi les *pêcheurs* et *terriens* qui travaillaient pour le compte du premier. Deux mots faisaient problème : *commis* et *terrien.* Pour reconstruire la symbolique du conte il fallait saisir les rapports de force et de rivalité qui pouvaient exister entre Bezeau, farouche, mais à la fin pathétique, et celui, habile, qui allait le remplacer. Tout cela, je l'avais compris. Mais je ne savais pas exactement ce que faisait, chez Bezeau, le *commis.* Pour comprendre le conte, il n'était pas nécessaire de savoir quelles étaient ses fonctions. Pour le traduire, par contre, cela l'était. Il fallait choisir entre *book-keeper, manager, agent, storekeeper, clerk,* autrement dit parmi toute une série de dénotations possibles. Même chose pour le *terrien,* qui n'était évoqué qu'en passant et qui n'était même pas un personnage à proprement parler. Mais qu'était-il au juste ? Par opposition au pêcheur, je savais qu'il était celui qui n'allait pas en mer, qui travaillait sur la terre ferme. Mais pour le désigner en anglais il fallait savoir ce qu'il y faisait. *Farmhand ? Farmworker ?* (Bezeau, en plus de ses bateaux, avait-il une terre ?) *Shore-worker ?* (Les terriens s'occupaient-ils du commerce du poisson que d'autres ramenaient ?) Il me fallait, pour pouvoir procéder à un choix, une image plus claire de ce qu'était cette « seigneurie ». Et j'ai écrit à Ferron pour lui demander de m'en faire un tableau plus précis. Pour le commis, j'ai eu droit à un très beau résumé de la « portée » du conte, à une description de rapports que j'avais pourtant déjà compris. Ce personnage était important et à ce titre sa désignation pouvait l'intéresser. Mais pour le terrien, c'était le silence complet. J'ai compris alors que mon interrogation consciencieuse, scrupuleuse de ce seul mot (un mot mineur, sans importance pour la reconstitution du sens symbolique du texte) lui paraissait étrangère à son œuvre. Et, à vrai dire, elle l'était, hors de toute proportion avec l'importance que pouvait avoir le choix de ce mot dans l'original (où il était pour ainsi dire pris pour acquis), et en cela typique de bien des interrogations « étrangères » auxquelles la traduction oblige. Ferron sur ce point ne m'a tout simplement pas répondu. J'ai trouvé ailleurs les renseignements qu'il me fallait. Et j'ai oublié. Jusqu'au jour où, près de deux mois s'étant écoulés, j'ai reçu une lettre, un texte bref, dense, à peine quelques lignes, où mon mot se trouvait intégré. L'intégration ne constituait pas une réponse tardive à ma question superficielle et nécessairement indigne. Elle l'évitait en quelque sorte et, comme le silence qui avait précédé la lettre, la refusait.

Je reste sur des bords rétrécis, tel ce terrien de Gaspésie. Au large, les voiles s'éloignent[31].

Ce n'était pas la dernière lettre qu'il allait m'adresser, mais par elle il me disait « adieu », très simplement, je le savais. Par cette image de désespoir, qui m'a paru d'abord sans rapport avec le conte, Ferron me rappelait la transformation qui, seule, confère au mot son prestige, me signalant le symbolisme latent de *terrien* qui, dans le conte, n'avait pas été réalisé, mais l'était pleinement ici. (Au contact de mon interrogation « étrangère » le mot aurait-il été délié ?) Mais il me renvoyait surtout, au-

---

31. Jacques Ferron, lettre à Betty Bednarski du 3 nov. 1983.

delà des mots, à sa propre vie, qui s'en allait de lui (comme s'en allait dans le conte la vie de Peter Bezeau — je l'ai compris aujourd'hui). Cette « collaboration », qui n'en était pas une, servait ainsi à orienter mon regard de lecteur, à le détourner du mot vers l'homme, à le déplacer là où de toute urgence il était requis.

Entreprendre la lecture d'une œuvre, est-ce en même temps entreprendre la lecture d'un homme ou d'une femme et de sa vie ? L'exotopie du lecteur, nous dit Bakhtine, s'exerce par rapport au « tout de l'œuvre » dont *l'auteur-principe* est un des éléments constitutifs. Le regard du lecteur englobe donc nécessairement celui-ci. Il peut en plus (mais c'est là une lecture supplémentaire, « un acte créateur second » selon Bakhtine), reconstituer un visage, une expérience, une vie [32]. Et cet *auteur-homme*, banni depuis si longtemps par la lecture critique (comme l'a été plus récemment — mais sans unanimité, il est vrai — *l'auteur-principe*), n'est-il pas à l'origine de tout ? Retourner à lui, n'est-ce pas remonter aux origines de l'œuvre ?

La lecture seconde, celle qui procède à l'objectivation-individuation d'une vie, n'aura pas forcément lieu. Elle serait pour Bakhtine comme facultative. Je crois que certaines œuvres la rendent plus nécessaire que d'autres. Différentes œuvres exigent différentes lectures. La première lecture, cette interaction avec un *auteur-principe*, varie déjà énormément selon l'œuvre que l'on lit. L'œuvre de confession ou de type biographique appelle, nous l'avons déjà vu, plus que n'importe quelle autre, une lecture bienveillante, amoureusement active. De même

---

32. Mikhaïl Bakhtine, *Esthétique de la création verbale*, p. 210.

certaines œuvres impliquent tout naturellement une lecture seconde reconstitutive d'une vie.

L'œuvre de Ferron, par les multiples lectures qu'elle contient, cherche à communiquer une conception de l'acte de lire. L'« Appendice aux *Confitures de coings* », ce texte où il se fait lecteur de lui-même, mêle aux commentaires sur le roman une réflexion politique et une récapitulation autobiographique. Mais c'est surtout dans *Les Roses sauvages*, par le personnage d'Ann Higgit, que Ferron nous révèle les éléments d'une lecture que l'on peut supposer idéale pour lui. Ann capte dans les livres de Louis Hémon les messages lancés par l'homme, et sa lecture intègre ainsi le texte et l'homme, l'écriture et la vie. Cette lecture double (elle réunit les deux lectures de Bakhtine) rejoint par son action la mémoire salvatrice de Marguerite, dans laquelle le narrateur mort de *La Charrette* survit. La mémoire permet une naissance. Cette lecture double aussi, en ce qu'elle fonde (*re*fonde) une vie.

Cette lecture « idéale » vers laquelle Ferron semble vouloir nous orienter, réaffirmerait donc les liens et l'interaction entre œuvre et vie. Je suis loin d'en comprendre tous les mécanismes. Je sais avec quel intérêt la critique littéraire, par le biais de la biographie, la psychologie, la sociologie, a cherché à en déduire les principes, surtout en ce qu'ils éclairent la genèse de l'œuvre ou sa fonction. Je sais à quel point elle risque, cette lecture, d'être abusive. Et je n'ai pas oublié que ma propre lecture-traduction et ma propre lecture critique se réalisent dans des conditions qui sont loin d'être typiques. J'ai connu et l'homme et l'œuvre.

Tout ce que Bakhtine dit sur la lecture seconde vaut pour l'auteur que l'on reconstitue par l'acte de lire pour le faire vivre (*re*vivre). Il ne dit rien de l'homme ou de la femme que l'on connaît déjà et dont l'existence réelle a autant de poids pour nous que l'œuvre. La lecture devra-t-elle, pourra-t-elle, faire abstraction de ceux-ci ? Comment entreprendre la lecture d'une œuvre dont on connaît l'auteur dans la vie ? Et cette lecture, une fois faite, peut-elle intéresser autrui ? Ce sont des problèmes que je ne ré-ussis pas à résoudre, que personne ne résout sans doute (je note avec intérêt une interrogation semblable à la mienne chez Todorov, amené à faire la « critique de la critique » de Barthes, son ami [33]), et je ne me propose pas de les dé-battre ici. Mais la coexistence dans ma propre expérience d'un *auteur-principe* et d'un *auteur-homme* m'aura permis de repenser — pour moi — le rapport entre l'œuvre et la vie, et, sans tomber dans le piège de l'explication ou de la validation de l'une par l'autre, j'ai ressenti le besoin, au-delà de la lecture critique de l'œuvre, de les réintégrer. Lecture réintégrante... Les quelques intuitions que j'ai pu avoir à ce sujet m'ont été inspirées par Ann Higgit, per-sonnage fictif, Anglaise comme moi, comme moi péda-gogue et lectrice (je l'ai appelée « lectrice d'œuvres et de vies »), et qui se trouve dans un livre que j'ai moi-même traduit. Peut-on demander plus de cohérence ? Cette cohérence m'a commandé les réflexions de *Rereading Jacques Ferron*, ébauche-exploration écrite peu après la mort de Ferron et par laquelle j'ai choisi de terminer.

Dans le texte de *Rereading Jacques Ferron* j'aborde une réflexion difficilement partageable, traitant avec circons-pection — encore incertaine — les problèmes délicats de l'interaction de l'œuvre et de la vie. Mais cet article, qui n'intéressera sans doute pas la critique littéraire, a été pour moi l'occasion de précieuses mises au point. Et j'ai

---

33. Tzvetan Todorov, *Critique de la critique : un roman d'apprentissage* (Paris, Éd. du Seuil, 1984), p. 74.

réussi à y préciser une nouvelle certitude — éminemment partageable, celle-ci — la certitude qu'il existe des parallèles entre *lire-écrire* et *vivre*, que des principes communs président à la création littéraire et à l'interaction esthétique avec la vie. Cette certitude, je l'ai trouvée en moi-même, où elle mûrissait sans doute depuis longtemps, mais elle me vient aussi de l'œuvre de Ferron, ce qui justifie, je crois, son inclusion ici. Car tout se tient, et c'est encore par Ann Higgit et sa contemplation esthétique que j'ai eu les premières intuitions de ce que pouvait être, au-delà d'une activité étroitement littéraire, une activité double, que j'ai appelée *lire-écrire la vie*. La lecture-écriture proprement littéraire, que je ne considère ici que sous l'angle du rapport avec l'altérité, correspond (et j'en ai eu la confirmation depuis chez Bakhtine), à une activité esthétique que nous poursuivons de toute façon dans la vie. Sporadiquement, d'abord, dans nos rapports avec l'autre, que nous complétons, en lui assurant une forme achevée, et par qui nous nous laissons réciproquement compléter. De façon plus soutenue ensuite, tentant virtuellement la lecture-écriture (la mise-en-forme signifiante) de l'existence. J'irais jusqu'à évoquer les notions de *style* et d'*esthétique* de la vie...

Ce qui justifie encore la présence de cet article ici, c'est, par le biais de Madame Cotnoir et de son arche-cahier, l'évocation d'une conscience d'écrivain, l'une des plus belles altérités auxquelles il m'ait été donné d'être confrontée... Et voilà l'optique de mon propos renversée. J'avais jusqu'ici adopté la perspective du traduit, sur lequel, de différentes façons, le traduisant agit. Ne devrais-je pas, avant de terminer, évoquer celui-ci ? Traduit-on pour l'autre seulement ? La traduction serait-elle uniquement altruiste ? Le traducteur est, il est vrai, une version du lecteur interpellé, un médiateur aussi, qui permet un passage, assurant d'une culture à l'autre la lisibilité. Mais traduire, n'est-ce pas aussi découvrir enfin, comme Jacques Brault, et « admettre *en pratique* que le rapport vital de soi passe par la médiation d'autrui [34] » ? Comme le précise l'auteure d'un article paru récemment sous le titre de « Traduire : la butée sur soi » :

> Il faut n'avoir jamais fait l'expérience du traduire pour méconnaître cette donnée fondamentale : c'est à *soi-même* que la traduction renvoie, encore et toujours.

Et encore :

> Il me semble que s'il y avait malhonnêteté elle serait là : prétendre que c'est vers l'Autre — la langue, l'auteur, le destinataire — qu'on est sans cesse tourné lorsqu'on traduit [35].

J'ai choisi de tout présenter du point de vue d'un auteur. C'est pourquoi j'insiste sur l'action qu'exerce le traducteur vis-à-vis de celui-ci et de son texte. Je le change, l'autre, et l'achève, mais il va sans dire que je suis changée, moi aussi. « Épreuve de l'étranger », la traduction l'est pour le traduisant aussi. Se heurter à l'autre, se découvrir autre, découvrir sa langue autre par le contact de la langue étrangère — voilà qui fait partie de l'expérience quotidienne du traducteur. Je cite encore :

> L'on comprendra que, face à cette expérience qui mixe les sphères du connu et de l'inconnu, me fait entendre ma propre langue comme étrangère, l'étrangeté de celle que je traduis me devienne banale [36].

Je n'ai pas l'intention d'explorer ici l'acte de traduire dans sa subjectivité. Mais dans la perspective que j'ai

---

34. Jacques Brault, « Remarques sur la traduction de la poésie », p. 26.
35. Fabienne Durand-Bogaert, « Traduire : la butée sur soi », *Fabula*, n° 7, 1986, numéro intitulé *Traduire*, p. 51.
36. Fabienne Durand-Bogaert, « Traduire : la butée sur soi », p. 56.

adoptée — celle de l'interaction avec l'*autre* anglais — il sera clair que traduire une œuvre où l'altérité anglaise est à ce point centrale, privilégiée, a été pour moi l'occasion d'étranges découvertes. Dans cette œuvre — par ma langue, par la lecture en abyme, par des personnages dont les qualités étaient celles précisément qui me caractérisent, moi, lorsque je traduis — je me trouvais déjà circonscrite. Expérience insolite au cours de laquelle mon regard englobait le regard d'un *auteur-autre* dans lequel je me voyais moi-même englobée. Traduisant Ferron, je découvrais (et tout traducteur anglais découvrirait) le reflet de ma propre réalité. *Je suis littéralement dans cette œuvre.* C'est ce que m'avait déjà appris la confrontation (si gênante pour la traductrice que j'étais) avec les mots anglais déguisés, qui affichaient de façon si malicieuse leur étrangeté.

Ce n'est donc pas ici que j'analyserai tout ce que l'acte de traduire a pu me révéler de moi, de ma propre subjectivité. Mais la traduction me paraît, plus que toute autre activité littéraire, mettre en lumière, en les rendant explicites, les rapports du moi avec l'altérité. J'affirmerai simplement que l'action exercée sur moi par l'altérité traduite me vient non seulement d'une langue, d'une œuvre, mais aussi du contact avec une vie. Je l'ai ressentie, cette action, et la ressens encore aujourd'hui, au niveau de la lecture-écriture du *texte* qu'est ma vie.

De la vie à l'œuvre, de l'œuvre à la vie : essai de lecture réintégrante

REREADING
JACQUES FERRON *

When Jacques Ferron died this spring, I began immediately rereading books of his, some of which had remained unopened on my shelf for several years. It must be a natural reaction to seek to re-establish contact in this way and to reaffirm a bond with a writer who has died. Especially if we have known and loved the man. For me Jacques Ferron the writer had always been inseparable from the man. And I no doubt brought to this most recent reading the particular intensity of my loss and, in spite

_____

* Texte publié dans *The Antigonish Review*, n° 61, print. 1985, p. 43-49. Une note précise que les citations de *Quince Jam* sont tirées de la traduction de Ray Ellenwood (Toronto, Coach House Press, 1977).

of longheld critical convictions and academic habits of
mind, the desire, unconscious, perhaps, but no less intense, to rediscover in the texts a life which was no more,
and which, in some compelling way, had touched and en-
gaged my own. I also brought a recent and quite conscious
preoccupation with the nature of the reading/writing
process and curiosity about the subtle interplay between
literature and life.

And so I read, following no particular order, heeding I
know not what unconscious promptings, letting each book
itself call forth the next. The Jacques Ferron I rediscov-
ered was himself a reader, a voracious reader of other
writers, great and small—writers as different as Lewis
Carroll and Nathaniel Hawthorne, Louis Hémon and
Claude Gauvreau, Samuel Butler and Paul Valéry—as
if reading were a precondition of writing, a complement
and accompaniment to that act. And not only did Ferron
interpret and gloss the work of others, commenting, quot-
ing, even stealing unabashedly, as if all literature were
his to absorb, to draw on, to recycle and rework, but he
read his own works too, and what is more, in texts that
were to become increasingly and, in the end, almost ex-
clusively, autobiographical, his own life. Not only did he
offer a view of literature where boundaries of time and
culture and individual œuvres became indistinct and in-
significant, but a view of reality in which boundaries
between life and fiction also blurred, and where not only
books but lives could be read.

I found Ferron the reader in the appendix to *Quince
Jam*, elaborating on his own novel, linking the two pro-
tagonists of his fiction—the Québécois, François
Ménard, and the English Canadian, Frank Archibald
Campbell—to their counterparts in real life—Ferron
himself for François ("You don't have to be very clever to
guess that it's me behind this character whose humility
and principle of humility I admire."), and for Frank,

Montrealer F. R. Scott ("politiciser from McGill, son of a
bishop or archdeacon, self-deluding idealist who thought
he was a reformer, ahead of his time, when in fact he
could only be, as a member of a dominant minority, a
well-intentioned Rhodesian, more pernicious than any-
thing"). I found him moving back and forth with ease and
grace between fiction and life, weaving together memory,
fantasy, supposition and fact, creating a text of uncom-
mon richness and density. And in the novel itself I found
two fictional lives so closely bound together as to seem
almost to form one. Frank not only embodies for François
all that is admirable and despicable in the English
Canadian, he is an alter ego, not an enemy—or not just
an enemy—but a veritable other self. At once the same
and different, hated and loved, the English "other" is a
vital point of reference in François' search for himself.
Frank is a medium and an obstacle. To come to terms
with him, to deal with him, is absolutely essential if the
Québécois narrator is to recover his soul—his own and, by
implication, Québec's. I knew that for close to a decade
little of consequence, and certainly neither death nor re-
demption, could come about in Ferron's fictional universe
without reference to this same Frank, identified clearly
in *Quince Jam's* appendix, recognizable always, in his
various guises, as the one and only F. R. Scott. In *Quince
Jam* (a second version of *La Nuit*, an earlier novel),
François and Frank meet in the Montreal morgue, and
François is instrumental in bringing about the only
slightly ambiguous poisoning of Frank. In *The Cart* it is
Frank who summons the Québécois narrator and doctor
to his death, and who, as the Devil's henchman, the
Blarneyman - Bailiff of the Night, presides over the noc-
turnal rituals surrounding the demise. Finally, in *The
Penniless Redeemer*, he even achieves the status of first
person narrator. He takes part in the momentous events
leading up to the birth of the Redeemer who is to bring

about the salvation of the Québec people, and is himself redeemed, after a fashion, becoming indisputably, if somewhat unceremoniously, Quebeckized. Later, after the events of the October Crisis, he would be just as unceremoniously "sacked" ("I was sorry that *La Nuit* was only fiction. It will remain fiction, but I am changing the title to stress the poison.")

I knew that Ferron and Scott had known each other, that they had had the C.C.F. and literature in common and had disagreed over the question of independence for Québec, but it seemed that they had not been associated in any regular or lasting way. The fictional association, however, was so long, and so intense, that I found it not at all surprising, indeed strangely logical, that Ferron's death should have followed so closely after Scott's, in spite of the more than twenty years of age that separated the two men. Already, to the reader-observer I was at the time, the first death (Scott's) had seemed to call up the second and to make it imminent, necessary. Now, in the light of my rereading, I had no trouble accepting that the close connection between two inhabitants of a fictional universe should be reflected, after the fiction, so to speak, in real life. Not only was life in this case as strange as fiction, fiction almost seemed to exert an influence on life, or at least to extend its logic beyond the confines of the printed page. It seemed impossible to speak of accident or coincidence. The closeness of the two deaths signified in some vaster sense the inextricable nature of the lives. In the logic of a total universe every detail was meaningful.

There were, I discovered, other circumstances of Ferron's death that were so like those described in his books as to make the latter appear almost prophetic. And it even seemed to me, as I reread them, that he had over the years written primarily of this, his own death, now facing it front on, now obliquely, jokingly, predicting even the time of day, the time of year. Could one, I wondered, write a life to bring it into line with fiction? Indisputable master of his fictional world, had Ferron managed, in some comparable way, to order, to author life? Or was he merely reading, seeing with heightened vision, the shape and sense of things to come?

There was no question in my mind that my comportment as Ferron's reader was governed, at least in part, by my relationship with the man, and by the fact that he had been as real to me as his books. With Ferron I would be drawn, as with no other writer, to abandon my normal critical stance and to reintegrate fiction and life. But I was equally sure that the work itself authorized, indeed invited, readings such as mine.

Not only does Ferron provide us with a fascinating example of author-reader, but there are in his books fictional readers, too, characters whose most significant activity is to read and interpret books. One of them caught my attention for the particular quality of her insights. She was Ann Higgit, the young English-speaking Maritimer of *Wild Roses*. Ann studies the works of French writer Louis Hémon, the author of *Maria Chapdelaine*, and discovers in them hidden messages, ciphers almost, cries for help directed to his sister who has stayed in France, while he, Hémon, has travelled to England and Canada. And the pleas remind her of those, unspoken, of her Québécois friend, Baron, with whom she has spent a few days in Moncton. Baron's wife, like Hémon's, has gone mad, leaving him alone with a little daughter, who, like Hémon's child before her, must now be saved. Ann Higgit has read Hémon's fiction and made the connection between his life and work. She has interpreted his messages just as his sister did, and what is more, through this reading she has found new meaning in the life of Baron. But that is not all. Ann is well-read. In the course of her studies she has acquired some notion of mythology and a sense of tragic destiny. When she learns more about the biography of Louis Hémon and the circumstances of his tragic death, she fears for Baron and sees Hémon's fate as a kind of foreshadowing of Baron's end. She sees and understands, but she can do nothing to help Baron and knows she must abandon him to his cruel fate. In this case, strange though it may seem, conclusions are being drawn, on the basis of one man's life, about another's. Here, clearly, life itself is being read, with the same interpretative skills that are normally applied to literature. All this happens so easily and so naturally that Ferron seems to be inviting us, through the intervention of Ann Higgit, to make the same kind of connection between his life and work, and, what is more, to apply directly to life, to his, to our own, the processes we have refined for the reading of literature.

I realized in retrospect that this was in fact what I had always done. Attentive to the laws of Ferron's universe, I had always read his books in conjunction with his life, finding in both signs, patterns, messages and a coherence I liked to call meaning. It was not surprising that ultimately I had come to read his death. If Ann Higgit was so important to me it was because she authorized and confirmed conclusions that, intuitively, I had reached, and because, as a reader, she resembled me.

Ann knew Hémon, the writer, and Baron, the man—two separate lives, which, in the perspective of the book, mirror each other and finally merge. Ferron himself identifies as surely with Baron as he does with Hémon, for each represents different possibilities of the same self. (Interestingly enough, while Baron/Hémon can be seen as a composite, the theme of the writer as split self is explored fully in the moving *Execution of Maski*, Ferron's most recent work, where the writer, Notary, conspires to be rid of Maski, the intrusive man.) Like Ann, I am a special kind of reader, because I knew both the writer and the man. But what does such a reader do with her insights? Can her reading be of significance to anyone but her? Ann Higgit taught literature. One can teach, though there are insights that would seem to have little place in the lecture room. One can teach . . . and one can also write.

In the appendix to *Quince Jam*, Ferron says of writing, "I consider it a right more than a profession, and I've often tried to convince others to do the same." And he adds jokingly that if his uncle, already a fine storyteller, were to take up writing, perhaps he himself might feel free to divert some of his own creative energies elsewhere ("Maybe if you'd write, then I'd feel more free to go chasing skirts.") . . . implying, albeit frivolously (the uncle in question was a devoted womanizer), that by exercising his right, the writer is at the same time performing a kind of duty, a function vital to the well-being of those around him. Writing is an activity that goes on in the name of all. I found in *Dr. Cotnoir*, Ferron's first novel, where there is also, incidentally, an uncanny description of a doctor's April death, a passage on the power of writing, which summed up for me the writer's role as I had experienced it in my life. And I mean by that not just any writer's role (like mostly anyone, I have dozens of writers who are important to me), but that of the one great writer it was my privilege to know as a man.

In this novel there is a character who writes, not books, but a humble diary. She is the doctor's wife, and in the eyes of her husband she is creating an ark in which all whom she describes find salvation, for she elevates them, through the act of writing, to a kind of blessed state. The doctor has never looked inside the diary, and he wonders if he will recognize himself when he finally comes to read what she has written over the years. Transformed he will most likely be, but saved in some miraculous sense, too, he is sure. This doctor talks to his wife at the end of each day, offering up his experiences to her, and he tells us, "I've gotten a good many people aboard that ark and all the animals I've met in my twenty years in the suburb." Ferron himself has left us with a formidable ark, some forty years in the making, upwards of thirty volumes, a monument to his unbounded curiosity, his tolerance and his humanity. Inside, a multitude of individuals, an astonishing assortment of lives, extraordinary in their diversity, moving in their contradictions. And on them all he has bestowed dignity and the miracle of meaning. Like Cotnoir, some of us who knew Ferron must have sensed what he was building, for we would often bring to him treasures for safekeeping—people, thoughts, insights, disconnected fragments of our incoherent lives—convinced that to present them to him, to entrust him with them, was to somehow ensure their significance and their integration into a larger and coherent whole. And for this they did not need to find their way, transformed or otherwise, onto the printed page of an actual book. It was enough, we felt, to share them with him and so expose them to that meaning-seeking process we are all involved in, but in which writers overtly and systematically engage. It is writers who provide us with the strongest assurances that meaning can be found in life, or, if it is not already there, that it can at least be made to exist. Writers are, by their very existence, living models for a double activity which is fundamental to us all.

We are all readers and writers. I am Ferron's reader, and beyond that I am the reader of my own life, of which he is forever a part. But I am also, by natural extension, the virtual writer of that life. We are all of us virtual writers, carrying our texts around inside us, like the picture Jeremiah, the simple-minded "landscape painter" of Ferron's short story, saw, but never produced. ("No one recognized it. The artist had forgotten to sign.") We all tell, shape and order, just as we record the patterns, signs and meanings we have perceived. But very few of us ever become actual writers, giving to our texts a tangible and resonant form. Ferron's uncle the storyteller came very close. Ferron himself, in spite of his achievements, recognized inside him a virtual creation, which remained as real and compelling as any of his finished books—those débris—to quote his beloved Paul Valéry—those mere fragments of a vaster, more glorious whole. And, sensing the virtual all around him, he could encourage others to write. As for me, the only words I ever wrote that were of lasting significance to me were addressed to Jacques Ferron. And I see my letters to him, not as true writing, but as humble jottings, *notes de lecture*, notes written by a reader in the margins of her life . . . .

As reader/writer of my life, I cherish my association with Jacques Ferron, the writer and the man. I consider myself enriched by him, immeasurably, more than I could possibly put into words. As a reader of literature, I have gained insights I am still unsure how to share. Ann Higgit did talk to her students of Hémon (Baron), but when she spoke they noticed there were tears in her eyes.

Fac-similé d'une lettre de Jacques Ferron à Betty Bednarski,
22 août 1974 (voir l'appendice, p. 144, pour la transcription).

APPENDICE

TRANSCRIPTION DES EXTRAITS
DES LETTRES DE JACQUES FERRON
À BETTY BEDNARSKI

Lettre du 7 mai 1969 (frontispice, p. iii)

[...] [Une tradition, qui remonte au Moyen Âge, privilégie l'Université, empêchant gendarmes et huissiers d'avoir accès sur ses terrains.] Quand un écolier devenait quelque peu malfaiteur, tel François Villon, le campus lui servait de refuge. C'est la raison sans doute pour laquelle Hurtubise, l'homme le plus poli du monde, si poli qu'il bégaye un peu, n'a pas répondu à votre demande : elle était superflue. Vous pouvez traduire qui vous plaît dans Dalhousie et personne n'a de permission à vous donner.

L'exercice d'ailleurs est excellent : la langue qu'on écrit n'est jamais tout à fait celle qu'on parle. Cette autre langue se fabrique. Autrefois, c'était à partir du latin. Baudelaire, Mallarmé, Gide sont passés par l'anglais. Il s'est même trouvé d'excellents écrivains, tel Conrad, qui ont fait carrière dans une langue étrangère. Pour ma part, si l'on excepte mon latin de collège (qui m'a quand même marqué : j'abuse du participe présent et de l'inversion), toute mon attention s'est portée sur la traduction du français, quelque peu altéré par la promiscuité anglaise et l'analphabétisme de deux siècles, en français.

Je reviens à votre entreprise. Elle me flatte assurément, d'autant plus que j'ai un faible pour l'Atlantique. [...]

Lettre du 22 août 1974 (p. 141)

[...] Je vous avouerai que je n'avais jamais pensé à être traduit avant vous et même après, parce qu'alors vous reveniez d'Angleterre, un peu perdue, que vous éprouviez le besoin de reprendre pied dans les Maritimes et que par hasard, au bon moment, mes contes se sont trouvés sous votre main, qu'ils mariaient le français, que vous ne vouliez pas avoir appris pour rien, à ce besoin, qu'ils étaient votre affaire à vous, non la mienne ; et tout cela était gentil, humain et d'un niveau bien supérieur à celui de la littérature, cette infatuée, cette extravagante qui s'adresse aux morts ou à des tout-comme, à des gens qu'elle ne connaît pas et à qui elle peut faire illusion... À présent que je me rends compte qu'on me traduit, quand je traiterai avec un éditeur (car je ferai d'autres livres, bien sûr, quoi que j'en aie), je me réserverai le choix du traducteur et même le droit de ne [(*verso*) pas être traduit...] [...]

BIBLIOGRAPHIE
DES OUVRAGES
ET ARTICLES CITÉS *

I. Ouvrages de Jacques Ferron

Les Grands Soleils, 1re version, Montréal, Éd. d'Orphée, s. d. [achevé d'imprimer le 14 mai 1958], 181 p. ; 2e version, dans *Théâtre I*, Montréal, Déom, 1968, p. 9-109.

Cotnoir, Montréal, Éd. d'Orphée, s. d. [achevé d'imprimer le 20 mai 1962], 99 p. — Repris dans *Cotnoir* suivi de *La Barbe de François Hertel*, Montréal, Éd. du Jour, coll. Les romanciers du Jour n° R57, 1970, 127 p.

Contes du pays incertain, Montréal, Éd. d'Orphée, 1962. — Repris dans *Contes*, éd. intégrale (*Contes anglais, Contes du pays incertain, Contes inédits*), Montréal, Éd. HMH, coll. L'arbre n° G-4, 1968, 210 p.

---

* Bibliographie établie avec l'aide de Corine Renevey.

La Tête du Roi, Montréal, Association générale des étudiants de l'Université de Montréal, coll. Cahiers n° 10, 1963, 93 p. — Repris dans *Théâtre II*, Montréal, Déom, 1975, p. 63-152.

Contes anglais et autres, Montréal, Éd. d'Orphée, s. d. [achevé d'imprimer le 28 mai 1964], 155 p. — Repris dans *Contes*, éd. intégrale (*Contes anglais, Contes du pays incertain, Contes inédits*), Montréal, Éd. HMH, coll. L'arbre n° G-4, 1968, 210 p.

La Nuit, Montréal, Éd. Parti pris, 1965, 134 p.

Papa Boss, Montréal, Éd. Parti pris, 1966, 142 p.

La Charrette, roman, Montréal, Éd. HMH, coll. L'arbre n° 14, 1968, 207 p.

Historiettes, Montréal, Éd. du Jour, coll. Les romanciers du Jour n° R43, 1969, 182 p.

Le Ciel de Québec, roman, Montréal, Éd. du Jour, coll. Les romanciers du Jour n° R51, 1969, 404 p.

L'Amélanchier, récit, Montréal, Éd. du Jour, coll. Les romanciers du Jour n° R56, 1970, 163 p.

Le Salut de l'Irlande, roman, Montréal, Éd. du Jour, coll. Les romanciers du Jour n° R69, 1970, 221 p.

Les Roses sauvages, petit roman suivi d'une lettre d'amour soigneusement présentée, Montréal, Éd. du Jour, coll. Les romanciers du Jour n° R75, 1971, 177 p.

Tales from the Uncertain Country, trad. du français (avec introd.) par Betty BEDNARSKI, Toronto, Éd. Anansi, 1972, v-101 p. (dix-huit contes tirés de *Contes*, éd. intégrale, Montréal, Éd. HMH, coll. L'arbre n° G-4, 1968, 210 p.).

Les Confitures de coings et autres textes (Papa Boss, Les Confitures de coings, La Créance, Appendice aux Confitures de coings ou Le Congédiement de Frank Archibald Campbell), Montréal, Éd. Parti pris, 1972 [c 1965 et 1971], 326 p.

La Chaise du maréchal ferrant, roman, Montréal, Éd. du Jour, coll. Les romanciers du Jour n° R80, 1972, 224 p.

Le Saint-Élias, roman, Montréal, Éd. du Jour, coll. Les romanciers du Jour nº R85, 1972, 186 p.

Du fond de mon arrière-cuisine, Montréal, Éd. du Jour, coll. Les romanciers du Jour nº R105, 1973, 290 p.

Wild Roses : A Story Followed by a Love Letter, trad. du français (avec postf.) par Betty BEDNARSKI, Toronto, McClelland & Stewart, 1976, 123 p. (*Les Roses sauvages, petit roman suivi d'une lettre d'amour soigneusement présentée*, Montréal, Éd. du Jour, coll. Les romanciers du Jour nº R75, 1971, 177 p.).

Quince Jam (Papa Boss, Quince Jam, Credit Due, Appendix to Quince Jam or The Sacking of Frank Archibald Campbell), trad. du français (avec note du trad.) par Ray ELLENWOOD, Toronto, Coach House Press, 1977, 262 p. (*Les Confitures de coings et autres textes*, Montréal, Éd. Parti pris, 1972, 326 p.).

« L'alias du non et du néant », *Le Devoir*, Cahier nº 2, *Culture et Société*, vol. LXXI, nº 89, 19 avr. 1980, p. 21-22.

Gaspé-Mattempa, Trois-Rivières, Éd. du Bien public, coll. Choses et gens du Québec, 1980, 52 p.

The Cart, trad. par Ray ELLENWOOD, Toronto, Exile Editions, 1980, 144 p. (*La Charrette*, roman, Montréal, Éd. HMH, coll. L'arbre nº 14, 1968, 207 p.).

Rosaire précédé de *L'Exécution de Maski*, Montréal, VLB, 1981, 197 p.

Selected Tales of Jacques Ferron, trad. du français (avec introd.) par Betty BEDNARSKI, Toronto, Éd. Anansi, 1984, 245 p. (trente-sept contes tirés de *Contes*, éd. intégrale, Montréal, Éd. HMH, coll. L'arbre nº G-4, 1968, 210 p.).

The Penniless Redeemer, trad. du français par Ray ELLENWOOD, Toronto, Exile Editions, 1984, 342 p. (*Le Ciel de Québec*, roman, Montréal, Éd. du Jour, coll. Les romanciers du Jour nº R51, 1969, 404 p.).

II. Études sur Jacques Ferron

BEDNARSKI, Betty. « Introduction », *Tales from the Uncertain Country*, Toronto, Éd. Anansi, 1972, p. i-v.

————. « Afterword », *Wild Roses : A Story Followed by a Love Letter*, Toronto, McClelland & Stewart, 1976, p. 120-123.

————. « Introduction », *Selected Tales of Jacques Ferron*, Toronto, Éd. Anansi, 1984, p. 11-16.

————. « Jacques Ferron », *Profiles in Canadian Literature*, s. la dir. de Jeffrey M. HEATH, vol. V, Toronto, Dundurn Press, 1986, p. 121-128.

ELLENWOOD, Ray. « Translator's Note », *Quince Jam (Papa Boss, Quince Jam, Credit Due, Appendix to Quince Jam or The Sacking of Frank Archibald Campbell)*, Toronto, Coach House Press, 1977, p. 9-12.

MARCEL, Jean. *Jacques Ferron malgré lui*, Montréal, Éd. du Jour, 1970, 221 p.

MONETTE, Guy. « Les poètes de la Confédération dans *Les Confitures de coings* de Jacques Ferron », *Voix et Images*, vol. VIII, n° 3, print. 1983, p. 421-426.

SMITH, Donald. « Jacques Ferron ou la folie d'écrire », dans *L'Écrivain devant son œuvre*, Montréal, Éd. Québec-Amérique, coll. Littérature d'Amérique, 1983, p. 85-106.

————. « Jacques Ferron et les écrivains », *Voix et Images*, vol. VIII, n° 3, print. 1983, p. 437-453.

III. Textes portant sur la traduction

BERMAN, Antoine. *L'Épreuve de l'étranger : culture et traduction dans l'Allemagne romantique : Herder, Goethe, Schlegel, Novalis, Humboldt, Schleiermacher, Hölderlin*, Paris, Gallimard, coll. Les essais n° 226, 1984, 311 p.

(BERMAN, Antoine.) « La traduction comme épreuve de l'étranger », *Texte*, n° 4, 1985, numéro intitulé *Traduction / Textualité, Translation / Translatability*, p. 67-81.

BLODGETT, E. D. « How Do you Say " Gabrielle Roy " ? », *Translation in Canadian Literature : Symposium 1982*, s. la dir. de Camille R. LA BOSSIÈRE, Ottawa, Les Presses de l'Université d'Ottawa / University of Ottawa Press, coll. Reappraisals : Canadian Writers n° 9, 1983, p. 13-34.

BRAULT, Jacques. *Poèmes des quatre côtés*, Saint-Lambert (Québec), Éd. du Noroît, 1975, 95 p.

————. « Remarques sur la traduction de la poésie », *Ellipse*, n° 21, 1977, numéro intitulé *Traduire notre poésie / The Translation of Poetry*, p. 10-35.

CORDERO, Anne D. « The Role of Translation in Second Language Acquisition », *The French Review*, vol. LVII, n° 3, févr. 1984, p. 350-355.

DERRIDA, Jacques. « Appendix : des tours de Babel », dans *Difference in Translation*, s. la dir. de Joseph F. GRAHAM, Ithaca (New York) / Londres, Cornell University Press, 1985, p. 209-248.

DURAND-BOGAERT, Fabienne. « Traduire : la butée sur soi », *Fabula*, n° 7, 1986, numéro intitulé *Traduire*, p. 51-57.

ELLENWOOD, Ray. « Some Notes on the Politics of Translation », *Atkinson Review of Canadian Studies*, vol. II, n° 1, aut.-hiv. 1984, numéro intitulé *Politics, Language, Literature*, s. la dir. de David C. DAVIES, p. 25-28.

EMERSON, Caryl. « Translating Bakhtin : Does his Theory of Discourse Contain a Theory of Translation ? », *Revue de l'Université d'Ottawa / University of Ottawa Quarterly*, vol. LIII, n° 1, janv.-mars 1983, numéro intitulé *The Work of Mikhail Bakhtin (1895-1975)*, p. 23-33.

FLAMAND, Jacques. *Écrire et traduire : sur la voie de la création*, préf. de Jean DARBELNET, Ottawa, Éd. du Vermillon, coll. Langue et communication n° 1, 1983, 147 p.

GODARD, Barbara. « Language and Sexual Difference : The Case of Translation », *Atkinson Review of Canadian Studies*, vol. II, n° 1, aut.-hiv. 1984, numéro intitulé *Politics, Language, Literature*, s. la dir. de David C. DAVIES, p. 13-20.

GRAHAM, Joseph F. (s. la dir. de). *Difference in Translation*, Ithaca (New York) / Londres, Cornell University Press, 1985, 253 p.

HÉBERT, Anne, et SCOTT, Frank. *Dialogue sur la traduction : à propos du* **Tombeau des Rois,** prés. de Jeanne LAPOINTE, préf. de Northrop FRYE, Montréal, Éd. HMH, coll. Sur parole, 1970, 109 p.

HOMEL, David. « The Way they Talk in *Broke City* », *Translation Review*, n° 18, 1985, p. 23-24.

JEANTET FIELDS, Robert. « Un retour à la traduction comme moyen d'étude », *The French Review*, vol. LVI, n° 3, févr. 1983, p. 456-459.

JONES, Doug. « Grounds for Translation / Raisons d'être de la traduction (trad. par Joseph BONENFANT) », *Ellipse*, n° 21, 1977, numéro intitulé *Traduire notre poésie / The Translation of Poetry*, p. 58-91.

LEVY, Jiri. *Die literarische Übersetzung : Theorie einer Kunstgattung*, Francfort-sur-le-Main / Bonn, Éd. Athenaum, 1969, 308 p.

MARTIN, Jacky. « Essai de redéfinition du concept de traduction », *Meta*, vol. XXVII, n° 4, déc. 1982, p. 357-374.

MEZEI, Kathy. « Translations », *The University of Toronto Quarterly*, vol. LIV, n° 4, été 1985, numéro intitulé *Letters in Canada 1984*, p. 383-399.

SCHULTE, Rainer. « Editorial : Translation and Reading », *Translation Review*, n° 18, 1985, p. 1-2.

SCOTT, Frank : *voir* HÉBERT, Anne.

SHEK, Ben-Zion. « Quelques réflexions sur la traduction dans le contexte socio-culturel canado-québécois », *Ellipse*, nᵒ 21, 1977, numéro intitulé *Traduire notre poésie / The Translation of Poetry*, p. 111-117.

STEINER, George. *After Babel : Aspects of Language and Translation*, Oxford / Londres / New York, Oxford University Press, 1975, xi-507 p.

STRATFORD, Philip. « The Anatomy of a Translation : *Pélagie-la-Charrette* », dans *Translation in Canadian Literature : Symposium 1982*, s. la dir. de Camille R. LA BOSSIÈRE, Ottawa, Les Presses de l'Université d'Ottawa / University of Ottawa Press, coll. Reappraisals : Canadian Writers nᵒ 9, 1983, p. 121-130.

IV. Autres ouvrages et articles cités

BAKHTINE, Mikhaïl. *Esthétique de la création verbale*, trad. du russe par Alfreda AUCOUTURIER, préf. de Tzvetan TODOROV, Paris, Gallimard, coll. Bibliothèque des idées, 1984, 400 p.

BEDNARSKI, Betty. « The Humiliations of Canadian French », *The Times Literary Supplement*, nᵒ 3738, 26 oct. 1973, p. 1317.

————. « Espace et fatalité dans *Poussière sur la ville* d'André Langevin », *Études littéraires*, vol. VI, nᵒ 2, 1973, p. 215-239.

————. « Entre l'oral et l'écrit : les contes de Philippe Aubert de Gaspé, père », *Actes du XLIIIᵉ congrès, Annales de l'ACFAS*, vol. XLII, nᵒ 2, 1975, p. 45-48.

————. « Teaching French Canadian Literature in Translation », *Journal of Education*, Nouvelle-Écosse, ministère de l'Éducation, vol. VI, nᵒ 4, 1980, p. 13-16.

————. « Constantes de la littérature québécoise », dans *Littérature québécoise : voix d'un peuple, voies d'une autonomie,* s. la dir. de Gilles DORION et Marcel VOISIN, Bruxelles, Éd. de l'Université libre de Bruxelles, 1985, p. 231- 250.

BELLEAU, André. *Le Romancier fictif : essai sur la représentation de l'écrivain dans le roman québécois,* Montréal, Les Presses de l'Université du Québec, coll. Genres et discours, 1980, 155 p.

BOUTHILLETTE, Jean. *Le Canadien français et son double,* essai, Montréal, Éd. de l'Hexagone, 1972, 101 p.

BRECHT, Bertolt. « Neue Technik der Schauspielkunst etwa 1935 bis 1941 », *Gesammelte Werke,* vol. XV, *Schriften zum Theater I,* Francfort-sur-le-Main, Suhrkamp Verlag, 1963, p. 337-388.

DE MAN, Paul. « The Resistance to Theory », *Yale French Studies,* n° 63, 1982, numéro intitulé *The Pedagogical Imperative : Teaching as a Literary Genre,* s. la dir. de Barbara JOHNSON, p. 3-20.

FOUCAULT, Michel (propos recueillis par Charles RUAS). « Archéologie d'une passion », *Magazine littéraire,* n° 221, juill.-août 1985, p. 100-105.

FRYE, Northrop. « Polemical Introduction », *Anatomy of Criticism : Four Essays,* Princeton, Princeton University Press, 1957, p. 3-29.

GODARD, Barbara. « La grande querelle », *Journal of Canadian Fiction,* vol. III, n° 3, 1974, p. 106-108.

ISER, Wolfgang. « The Reading Process : A Phenomenological Approach », *New Literary History,* vol. III, n° 2, hiv. 1972, p. 279-299.

JOHNSON, Barbara (s. la dir. de). *The Pedagogical Imperative : Teaching as a Literary Genre,* numéro spécial de *Yale French Studies,* n° 63, 1982, vii-252 p.

KONWICKI, Tadeusz. *Kompleks Polski, Index on Censorship* (Londres), coll. ZAPIS n° 3, 1977, 163 p.

SARTRE, Jean-Paul. *Qu'est-ce que la littérature ?,* Paris, Gallimard, coll. Idées, 1948, 375 p.

TODOROV, Tzvetan. Préf. à Mikhaïl BAKHTINE, *Esthé-tique de la création verbale*, trad. du russe par Alfreda AUCOUTURIER, Paris, Gallimard, coll. Bibliothèque des idées, 1984, p. 7-23.

————. *Critique de la critique : un roman d'apprentissage*, Paris, Seuil, coll. Poétique, 1984, 203 p.

TABLE DES MATIÈRES

Éditions du GREF

Collection Traduire, Écrire, Lire (TEL)

Claude Tatilon, *Traduire : pour une pédagogie de la traduction*, préface de Georges Mounin.

Christine Klein-Lataud, *Précis des figures de style*, préface d'Alain Baudot.

Betty Bednarski, *Autour de Ferron : littérature, traduction, altérité*, préface de Jean-Marcel Paquette.

À paraître (fascicules de la collection TEL) :

Claude Tatilon, *Écrire : le paragraphe*.

Philippe Bourdin, *Les Temps du passé en français contemporain*.

Collection Theoria

Jean-Marie Klinkenberg, *Le Sens rhétorique*.

À paraître :

Philippe Bourdin, *La Représentation du temps déictique dans les langues naturelles : étude descriptive et typologique*.

Collection Inventaire

Alain Baudot, *Les Écrits de Jean-Claude Masson conservés dans ma bibliothèque*.

Alain Baudot, avec la collaboration de Corine Renevey, *Bibliographie de l'œuvre d'Édouard Glissant*.

À paraître :

Alain Baudot, avec la collaboration de Dominique O'Neill et Corine Renevey, *Les Littératures francophones : essai de bibliographie raisonnée* (en coédition avec l'AUPELF / UREF).

Collection Fiches bibliographiques du GREF

Alain Baudot et Dominique O'Neill, *Bio-bibliographie de Philippe Jaccottet*.

Alain Baudot, *L'Ontario francophone : documentation de base*.

Collection Dont actes

Jeanne Ogée (actes réunis par), *La Langue française face aux défis du monde présent : actes de la XIIᵉ Biennale de la langue française (Marrakech, 1987),* avant-propos d'Alain Guillermou.

Brian Urquhart, *Peacemaking, Peacekeeping and the Future* (The John W. Holmes 1989 Memorial Lecture).

Catalogues d'art

Karen A. Finlay, *Daumier et « La Caricature »,* traduit de l'anglais par Alain Baudot et Claude Tatilon (en coédition avec le Musée des beaux-arts de l'Ontario).

Painted Pottery: Continuing the Tradition of Tin-Glazed Earthenware / Poterie peinte : dans la tradition de la céramique à glaçure stannifère, textes de K. Corey Keeble et Anne West, traduits par Alain Baudot.

Dennis Reid, *Jungle canadienne : la période méconnue d'Arthur Lismer,* traduit de l'anglais par Alain Baudot et Claude Tatilon (en coédition avec le Musée des beaux-arts de l'Ontario).

Kim Moodie. Of Unknown Origin: Drawings, 1984-1986 / D'origine inconnue : dessins (1984-1986), texte de Robert McKaskell, traduit par Philippe Bourdin.

Jerzy Kolacz. The Mind's Eye: Editorial Illustrations and Paintings (1978-1986) / L'œil pense : illustrations de presse et peintures (1978-1986), texte de John Silverstein, traduit par Alain Baudot et Claude Tatilon.

Another Fiction: Recent Work by Janet Cardiff / D'une fiction à l'autre : œuvres récentes de Janet Cardiff, texte de Lyz Wylie, traduit par Alain Baudot et Claude Tatilon.

A Context of Seats: An Intuitive Speculation / États de sièges : une spéculation intuitive, texte de Maurice Barnwell, traduit par Alain Baudot et Claude Tatilon.

Rick/Simon. Printed Matter. Photo-Offset & Photo-Graphic Prints, 1968-1987 / Imprimés : Photos offset et photos graphiques (1968-1987), textes de Victor Coleman, Christopher Dewdney et Rick/Simon, traduits par Alain Baudot et Claude Tatilon.

Ron Sandor. "Twinkle, twinkle, little bat": The House Project, the Nursery / « Scintille, ô ma chauve souris » : projet de maison, chambre d'enfants, texte de Deirdre Hanna, traduit par Christine Klein-Lataud.

The Phase Show / En phase : Doug Back, Hu Hohn, Norman White, textes de Paul Petro et al., traduits par Alain Baudot et Claude Tatilon.

Catherine Siddall, The Prevailing Influence: Hart House and the Group of Seven, 1919-1953 / Influence majeure : Hart House et le Groupe des sept (1919-1953), traduit par Alain Baudot (en coédition avec l'Université de Toronto et les Galeries d'art d'Oakville).

Joyce Zemans, Elizabeth Burrel et Elizabeth Hunter, New Perspectives on Canadian Art: Kathleen Munn and Edna Taçon / Nouveau Regard sur l'art canadien : Kathleen Munn et Edna Taçon, traduit par Alain Baudot et Claude Tatilon.

Steven Heinemann. Objects of Sight / Objets à voir, texte d'Anne West, traduit par Alain Baudot (en coédition avec le Centre culturel de Burlington).

David Gowland, James Rodger et John A. Walter, Guide « Impact » des chefs-d'œuvre de l'art, adapté de l'anglais par Alain Baudot (en coédition avec le Conseil scolaire du comté de Waterloo).

Hors collection

OFNI (Objet français non identifié), numéro unique (textes d'étudiants réunis par Alain Baudot).

Alain Baudot, Éducation des adultes et éducation permanente : analyse de la documentation récente en français, 1982-1985 (en coédition avec le ministère des Collèges et Universités de l'Ontario et le Centre de recherche franco-ontarien).

Ronald Sabourin, Les Parlant français à Toronto : rapport sur un sondage effectué dans le Grand Toronto, 1983-1985 (en coédition avec le Centre francophone de Toronto et le Centre de recherche franco-ontarien).

74801

PS   Bednarski, Betty
9511   Autour de Ferron
.E76
Z57
1989

1